CONTENTS

INTRODUÇÃO

As Aventuras dos Anjinhos do Pastor 1

A CHEGADA EM LARANJAIS 3

A CAVERNA NA MONTANHA DE LARANJAIS 8

O RIACHO DE LARANJAIS 13

O FILME: OS DEZ MANDAMENTOS 17

O CINEMA NO ENGENHO CENTRAL 19

A MUDANÇA PARA ITAOCARA 23

O CINEMA DE ITAOCARA 26

A SEGUNDA CASA 29

A SURPRESA DO RIO VAZIO 32

O AFOGAMENTO 34

A CANOA ENCALAHADA 37

A MONTANHA DE ITAOCARA 43

APRENDENDO A ANDAR DE BICICLETA 53

UMA LAGOA NO TOPO DE UM MORRO 55

A LAMBRETA 57

O FOGO NO MATAGAL 58

A GUERRA ENTRE OS MENINOS DA RUA 60

A EXPLOSÃO 62

A REVOLUÇÃO DE 1964 65

O NATAL 67

PAGA E NÃO BUFA 69

QUEIMADURA 70

AS FÉRIAS ESCOLARES 71

A GUERRA DE OVO PODRE 73

O SUSTO COM O NOSSO PAI 74

A TERCEIRA CASA 76

A ENCHENTE NO RIO PARAÍBA 78

A MORTE DO RINTIM 82

ITAOCARA ATUALMENTE 84

UMA REFLEXÃO 87

INTRODUÇÃO

Nossos personagens são cinco irmãos de uma mesma família e um cachorro da raça pastor alemão a quem demos nome de Rintim em homenagem ao cachorro parecido com ele de um seriado da televisão. As Aventuras de Rin tin tin". Reduzimos o nome para Rintim, por ser mais fácil na hora de chamá-lo. Nossa turma naquela época, no início de 1962, tinha a seguinte idade: o irmão mais velho do grupo, Onil, 14 anos; Odilon, 11 anos; Oto, 9 anos; Olney, 7 anos; eu, o caçula, Omir, 4 anos, e o Rintim, 2 anos.

Recebemos o apelido de "Os anjinhos do pastor", dado por senhoras bondosas e zelosas da sociedade de nossa cidade que viam em nossas artes e travessuras um modelo de comportamento que não condizia conosco por sermos filhos de pastor evangélico. A bem da verdade, não era assim que pensávamos. Éramos crianças e queríamos viver a vida plenamente como toda criança tem esse direito, mas que os adultos muitas vezes, por precaução, não permitem.

Esta é a história das crianças de uma família comum de classe média baixa do início dos anos 60. É uma história apaixonante, cheia de aventuras, de uma época única e de um tempo que não voltará mais infelizmente. Nossas crianças hoje não podem e não têm mais esse privilégio. Não podem por causa da violência que nos cerca, e não têm porque as áreas verdes estão sendo devastadas por queimadas, por derrubadas de árvores, com extinção da fauna e da flora; e o pior, os rios estão todos poluídos e ficando assoreados. A mata nativa que antes retinha a chuva, agora por não existir mais, permite que a água da chuva leve livremente areia e lama para dentro dos rios, fazendo o assoreamento que mata peixes grandes e pequenos. Aliado a tudo isto, o assoreamento afugenta os pequenos animais e aves que vivem dos recursos do rio. A população ribeirinha que vive dos frutos deste ciclo da natureza são os primeiros a sentir os efeitos negativos da falta de preservação da natureza. O homem da cidade um dia também sentirá falta desta natureza que ele deveria cuidar e está negligenciando. Todos nós fazemos parte de um mesmo bioma destruindo um acabamos por exterminar outros e, assim, acabaremos por nos destruir também. Nós dependemos muito da natureza, mas ainda não aprendemos isto. Tomara que o custo desta aprendizagem não seja cara e tarde demais e, que a natureza não se rebele contra nós, antes de aprendermos que dependemos dela para vivermos.

Os cientistas da N.A.S.A., a Agência Espacial Americana, teorizaram há alguns anos a possibilidade de em Marte ter havido diversos rios. O que eles não sabem é para onde teria ido toda aquela água. Hoje, Marte é só um deserto de areia com uma temperatura de até 120º graus Celsius negativa no inverno marciano.

Desejo que um dia, nós seres humanos, possamos pensar mais em nossos filhos e netos e deixemos uma herança para eles: rios e mares despoluídos para as crianças nadarem, pescarem, correrem atrás de pequenos animais silvestres, escalarem montanhas, enfim, viver a vida que todas as crianças merecem.

O autor.

AS AVENTURAS DOS ANJINHOS DO PASTOR

A CHEGADA EM LARANJAIS

Era início de 1961 e minha família desembarcava do trem num pequeno distrito canavieiro da pacata cidade de Itaocara, no norte fluminense, chamada Laranjais.

Papai era pastor da Igreja Metodista e, periodicamente, os pastores metodistas são transferidos para outras cidades e assim acontecia também com a nossa família.

Vínhamos de uma cidade com algumas indústrias e comércio bem desenvolvido, chamada Barra do Piraí, com aproximadamente vinte mil habitantes, distante dali uns duzentos quilômetros, onde havia bons colégios, ótimo comércio, ruas calçadas, praças com chafarizes, indústrias e uma hidrelétrica que represava o rio Paraíba do Sul.

Laranjais como a maioria das cidades pequenas do interior do Brasil, naquela época, era só uma poeira terrível. As seis ruas que existem não eram calçadas nem asfaltadas. A cidade contava com menos de mil habitantes; não havia mais do que cem casas. A rua principal tem uns trezentos metros de comprimento e é a continuação da estrada do Engenho Central que passa por dentro de Laranjais em direção a Itaocara. Há duas ruas à direita de quem vem do Engenho Central e duas à esquerda onde há uma ponte sobre o rio das Pedras, que bifurca em outras duas ruas. A luz elétrica era tão fraca que um lampião iluminava melhor. À noite ficava tão escuro dentro de casa que quase todos preferiam acender um lampião às lâmpadas para iluminar suas casas. O calor que fazia era imenso, beirando durante o dia 40 graus Celsius à sombra e à noite uns 35 graus. Era muito diferente da cidade de onde saímos. Ali tudo era precário. Por causa desta precariedade minhas duas irmãs mais velhas não puderam estudar naquele ano, porque Laranjais não possuía colégio para o grau em que elas estavam. Elas tiveram que parar de estudar durante dois anos. Meu pai conseguiu uma bolsa de estudo para a caçula das moças da minha família, a Odísia, e foi estudar no internato do professor Nildo Nara em Itaocara. Somente depois de dois anos, após nos mudarmos para a sede do município é que as manas puderam voltar a estudar. Aprenderíamos a conviver com as dificuldades que surgiam e nos adaptaríamos rapidamente a elas.

Também ali, rapidamente, aprendi o significado do que era bicho-de-pé e tétano, depois de tomar injeções antitetânicas ao furar o pé num prego enferrujado em um cabo de vassoura que estava me servindo de brincadeira de "soldado em cavalo de pau". Aprendi também o significado do que eram cobras venenosas, aranhas caranguejeiras e escorpiões. Todo cuidado era pouco já que uma picada desses animais poderia ser fatal pela falta de recursos do local. Aquela cidadezinha era a morada destes animais. Contribuía para isto: a plantação de cana-de-açúcar, que acabava virando local para morada de roedores e que acabava atraindo as cobras, o calor intenso, e muitos casarões antigos em estilo colonial de 2 pisos feitos com reboco de barro e o teto e o piso com tábuas de madeira e quase todos os casarões com porões. De norte a sul e de leste a oeste, para todos os lados que se olhava, só se via plantação de cana-de-açúcar. Agricultura e pecuária era um dos meios de subsistência dos moradores de Laranjais e o pequeno comércio sobrevivia dos parcos recursos gerados pela produção primária.

O que compensa Laranjais é o seu povo. Povo amigo e hospitaleiro. Pessoas que se sentem responsáveis pelas crianças, mesmo não as conhecendo, e que as tratam como filhos. Quando me lembro de Laranjais, não posso deixar de me lembrar daquele povo maravilhoso que me deixa saudades. Lembro-me do seu Nicolas, da Dona Jacinta e seu Genelson, que era farmacêutico e que cuidou do tétano que contraí, da Dona Elma e seu Nagib, da Dona Eunice que mesmo sendo pobre me dava umas moedinhas para comprar umas balas e, do alfaiate Valdeir que cuidava de mim como um anjo, entre outros amigos que a memória falha e que já não me lembro dos nomes mas, as suas fisionomias como de verdadeiros anjos, ainda estão gravadas em minha memória. Laranjais, apesar das dificuldades, tinha seus momentos de lazer nos dias de festas. Na única praça existente ao lado da pequena estação de trem havia um coreto onde, vez por outra, bandas, orquestras ou cantores animavam as festas de aniversário da cidade. Certa vez um locutor de rádio famoso chamado Luiz de Carvalho, levou para cantar no coreto de Laranjais um rapaz ainda desconhecido de 18 anos que começava a fazer sucesso nas rádios do Rio. Seu nome: Roberto Carlos, que abrilhantou a festa cantando várias músicas, dentre elas uma que começava a fazer sucesso: o calhambeque. Cidade pequena tem muito disto dar oportunidade a novos talentos. Terminada a festa a pequena Laranjais voltava ao seu ritmo normal.

Eu estava com quatro anos e meu companheiro inseparável era o Rintin. Éramos seis crianças: cinco humanos e um cachorro, com sonhos e um mundo para explorar. Apesar de todos os perigos "naturais", Laranjais seria ótimo para brincar, tomar banho de rio, pescar, jogar bola e fazer "arte". Como era bom ser criança! Sem as preocupações dos adultos, depois de estudarmos podíamos brincar o dia inteiro, jogar bola, tomar banho de rio, pescar, caçar passarinhos e, descobrir o mundo.

Nossa casa ficava em um pequeno sítio no meio de um pequeno monte de onde víamos a pequena Laranjais. A casa era antiga e no mesmo estilo dos casarões coloniais, mas só tinha um piso. Como toda casa antiga ela era enorme com quartos tão grandes que papai dividiu um dos quartos ao meio para minha irmã Osny fazer uma pequena escolinha de jardim de infância. Um dos primeiros a ser matriculado fui eu. A casa tinha um varandão, daquele típico de fazenda, todo de tábua corrida, onde eu podia jogar bola de gude ou futebol com bolas feitas com as meias de seda das minhas irmãs. Elas viviam me dando a maior bronca por estragar suas meias de seda. Só não me batiam por eu ser muito pequeno e ser o "caçula" da família. Meus irmãos aproveitavam por eu ser protegido e me pediam para surrupiar as meias delas, pois neles elas batiam, mas em mim não. Na frente da casa havia espaço para um campinho de futebol onde os meninos aproveitavam a folga das aulas escolares e faziam também times para competir com a vizinhança que subia a ladeira para jogar "pelada". Eu, por ser muito pequeno não participava das peladas, só olhava. Nos fundos do sítio passava a estrada que, indo na direção norte, chegava ao Engenho Central, e, no sentido sul, a Itaocara. Às vezes recebíamos um visitante que entrava, sem ser convidado, pelos fundos do sítio. Como certa vez que apareceu um companheiro do Rintim, da raça "vira-latas", todo malhado de cores preta e branca, a quem pusemos o nome de Douglas. Mas, o cachorro era tão vira-lata que nós o chamávamos de "droga". Mas, assim como apareceu lá em casa, também um dia, sem sabermos o porquê, desapareceu.

Papai aproveitava os momentos de folga cultivando o restante do terreno com plantações de milho, feijão, abóbora e criando algumas galinhas. Afinal de contas a família era grande e ele precisava, de alguma forma, melhorar o orçamento doméstico, pois o salário de um pastor era muito pequeno. E nós aproveitávamos a infância brincando.

Passados alguns meses morando em Laranjais nós já estávamos tão bronzeados pelo sol que eu ganharia um apelido na família que jamais perderia, filho da Dona Bela, ou então de Nescau. A história do apelido filho da Dona Bela começou assim: havia uma senhora muito bondosa chamada Dona Bela que morava perto do casarão onde morávamos. Ela era filha de ex-escravos e havia nascido escrava quando a princesa Isabel aboliu a escravidão. Ela criava uma neta de nome Penha que era minha coleguinha no Jardim de Infância da minha irmã Nini. Nós, eu e a Penha brincávamos muito, tínhamos a mesma idade e estudávamos juntos. Como eu fui ficando muito bronzeado de tanto tomar banho de sol, o pessoal lá de casa não perdeu tempo comigo e começou a dizer que eu era irmão da Penha e neto da Dona Bela. Os manos e as manas são branquelos puxaram o meu pai, eu moreno puxei minha mãe. Por ficar muito bronzeado não perderam tempo comigo e começaram a dizer que eu era adotado. O apelido pegou a tal ponto que até hoje os manos ainda brincam comigo me chamando de filho da Dona Bela ou de Nescau.

Já a história do apelido Nescau foi diferente. Começava a ser anunciado nos rádios a propaganda de um produto no mercado chamado nescau. Pedi pro meu pai que eu queria experimentar o nescau. Papai certo dia separou um dinheiro e comprou uma lata de 200g do nescau. Não perdi tempo, quando meu pai saiu com minha mãe, fui na despensa apanhei a lata de nescau, abri e comi o conteúdo todo da lata. Quando meus pais chegaram e viram minha boca toda suja de chocolate e a lata vazia nem zangaram. Ficaram preocupados comigo, porque imaginaram que eu iria ter uma diarreia que poderia até morrer. Mas pela providência divina não tive nada, todavia, o apelido tenho até hoje.

O povo da igreja, por ser a maioria agricultores, ajudava muito também minha família. Levavam para minha família abóboras, meia saca de feijão, arroz que plantavam, milho, pernil de porco que haviam matado, galinhas para o almoço, etc... Tanto ajudaram minha família, que meu pai pode me dar um presente bom naquela época, que era o sonho dourado de todas as crianças: um velocípede. Nem acreditei quando vi meu pai descer do trem, chegando de viagem, com aquele presente para mim. Eu imaginei que era para mim. Foi uma festa muito grande na família. Aquele velocípede tinha o sabor de vitória para todos nós.

A CAVERNA NA MONTANHA
DE LARANJAIS

Ao nos ambientarmos em Laranjais uma das primeiras coisas que nos contaram foi sobre uma montanha enorme com uma caverna onde se escondiam homens primitivos da idade das pedras. Falaram que a montanha tinha uns 300 metros de altura e ficava num lugarejo chamado de Panorama a meio caminho para Água Preta. Panorama dista menos de 5 quilômetros de Laranjais. Apaixonados por aventuras, colocamos em nossos corações que tínhamos que explorá-la e, um dia, decidimos escalá-la. Primeiro tínhamos que despistar os nossos pais. Inventaríamos qualquer coisa: ir pescar, dar umas voltas pelos arredores da cidadela, ou ir até o Engenho Central que fica um quilômetro de distância de Laranjais. Conseguida a permissão nos munimos de água para a caminhada e começamos os seis, os cinco irmãos, a ir em direção à montanha, acompanhado do nosso inseparável Rintim. Quem comandava a turma era sempre o mano mais velho do grupo, Onil. Ele era o chefe e líder natural do grupo, e a ele nós obedecíamos sempre, também porque era o mais adiantado na escola. Já estava no ginásio e era o mais esperto do grupo. Eu e Olney por sermos os mais novos obedecíamos à hierarquia que existia no grupo: o mais novo sempre obedece ao mais velho. Como não havia ninguém mais novo do que eu eu mandava no Rintim. Apesar de muito criança meus manos me levavam junto porque se eu ficasse em casa eu falaria para os meus pais o que eles estavam fazendo.

Nossa caminhada começou num dia de sábado pela manhã cedinho por causa do sol muito quente na parte da tarde e tínhamos que estar de volta antes do almoço para não preocuparmos nossos pais. A estrada até Panorama era de chão batido. Na verdade era mais um caminho de carro de bois do que, propriamente, uma estrada. Passavam por ali caminhões e jeeps, além de cavalos, carros de bois, e mulas para trazerem produtos das fazendas. Aos poucos fomos chegando perto da montanha. A vegetação na montanha era de árvores altas, mas com muitos arbustos espinhosos, aliás, mais espinhos do que árvores. Pela parte da frente por onde fomos subir só existia uma vegetação rasteira, cheia de um arbusto chamado "arranha gato". Os espinhos deste arbusto lembram unhas de gato e quando agarra na gente dói como se fosse um gato unhando a pessoa. Então, já que aquele lugar era muito quente e muito propício para as cobras fomos desviando para subirmos por trás da montanha por uma trilha onde havia plantação de bananas. Depois de subir pela trilha chegamos à caverna que fica bem perto do topo. Que legal! Encontramos a caverna! Ela em sua abertura não é muito grande, talvez, quatro metros de largura por uns três de altura. Na boca da caverna, antes de entrarmos, perguntávamos a nós mesmos, será que existem homens da caverna lá dentro?

- Vamos entrar e investigar para ver se tem os homens da caverna - disse um dos manos. E fomos entrando naquela escuridão. A luz foi ficando cada vez mais longe. Após uns cinco metros dentro da caverna, chegamos a um salão que deve ter uns 4 metros de altura e a largura da caverna uns 5 metros, e sua profundidade não dava para calcular por causa da escuridão, mal conseguíamos nos ver mesmo estando um ao lado do outro. Nós não levamos lanterna e nem lampião. Até então nossas vistas ainda estavam se adaptando àquela escuridão. A cada passo que dávamos ficávamos mais perto uns dos outros com medo de cairmos em algum buraco ou de nos perdermos uns dos outros. O Rintim estava muito assustado ele ouvia ruídos que nós humanos não conseguíamos ouvir. Ele latia sem parar. O eco produzido pelo latido do Rintim talvez o assustasse ou o fizesse imaginar que havia outro cachorro latindo. Até que chegou um momento, quando Rintim parou de latir, que nós começamos a ouvir uns ruídos esquisitos. Dentro daquela caverna, naquele lugar distante da cidade, se uma agulha caísse no chão, provavelmente ouviríamos. O medo começou a tomar conta de nós.

- O que serão esses ruídos? Um dos manos perguntou. E se encontrarmos mesmo homens primitivos da caverna? E se for morada de alguma tribo de índios canibais? Nossa imaginação infantil nos permitia estes tipos de questionamentos. Mas, rapidamente, nossas dúvidas e questionamentos foram dissipados.

– Abaixem-se!!! Gritou o nosso herói, o nosso irmão mais velho, o Onil.

O que existiam aos milhares eram morcegos. Caramba! Como havia morcegos! Eles se assustaram com nossa presença e levantaram voo. Vieram em revoada para cima de nós as dezenas, talvez assustados com nossas vozes ou com os latidos do Rintim ou quem sabe com o quê? Não deu para fazer outra coisa senão colocarmos nossas mãos no rosto em forma de concha para proteger os olhos. Eu sentia as asas dos morcegos perto de mim por causa do vento e do ruído que produziam.

Mas, Onil gritou outra vez, - abaixem-se!

Desta vez nem precisou repetir abaixamos instintiva e rapidamente no chão. Era um instinto de sobrevivência ou sabemos lá o quê. Não sei quem estava com mais medo se os morcegos ou nós. Agachados no chão, observamos do que era coberto o piso da caverna. Era repleto de caveirinhas e ossinhos dos morcegos que, provavelmente, morriam de velhice. O Rintim era o único valente que continuava em pé e sobre as patas e tentava morder algum morcego quando passava voando perto dele. Assim que percebemos que eles não queriam nos atacar, mas que também estavam assustados com os latidos. Saímos da caverna em disparada para o encontro da luz do lado de fora. Passado o primeiro susto e após nos acalmarmos, resolvemos não entrar mais profundamente na caverna com medo de ter algum animal perigoso ou cairmos em algum buraco ainda mais que estávamos num lugar completamente deserto. Resolvemos deixar a exploração da caverna, pois não queríamos arranjar problemas para nós, e continuamos nossa jornada rumo ao topo. Depois de algum tempo subindo o restante da montanha, passando por baixo de algumas árvores que existiam lá em cima, chegamos ao nosso objetivo: o topo da montanha. Ah, que vista! E que sabor de vitória. Será que fomos os primeiros a escalá-la? Será que alguém do local já veio aqui em cima? Fazíamos estas perguntas para o Onil, pois era o que detinha maiores conhecimentos. Tínhamos em nossa imaginação a esperança de nos tornarmos de alguma forma heróis, do tipo "eu fui o primeiro" como os primeiros bandeirantes ou acharmos algum tesouro escondido.

Após contemplarmos a vista panorâmica, não poderíamos de maneira nenhuma deixar de registrar nossa passagem lá em cima. Estávamos munidos de espelhos que apanhamos de nossas irmãs. Aquele espelhinho dentro de uma caixinha com pó de arroz que contém um espelho para as mulheres se maquilarem. Nossas irmãs ficavam muito furiosas com as nossas folgas. Começamos a dar sinal com o espelhinho refletindo a luz solar para algumas das fazendas daquele lugar, para marcarmos que estivemos lá em cima na montanha. Depois de algum tempo alguém começou a dar sinal que havia nos visto. Recebido o sinal de que haviam nos visto, ficamos como que nos comunicando com aqueles reflexos. Lá embaixo refletiam um espelho e nós lá em cima refletíamos de volta. Após alguns minutos de comunicação, resolvemos ir embora e descemos a montanha. Seguimos a estrada que nos levaria de volta para Laranjais e quando chegamos próximos da entrada, seguimos outro caminho que bifurcava em direção ao lugarejo chamado de Engenho Central.

Engenho central era também o nome de uma fazenda de plantação de cana-de-açúcar onde produziam os derivados da cana, principalmente, o açúcar e a pinga. O nome do lugarejo Engenho Central foi por causa da empresa que existia com esse nome. Lá no engenho, poderíamos beber um pouco da garapa. Garapa é o líquido proveniente da moagem da cana de açúcar saborosamente adocicado com o qual se fabrica a rapadura, o açúcar, o álcool e a cachaça. Depois de saborearmos a garapa, fomos para o riacho Rio das Pedras para nadar. Nada melhor do que terminar nossa aventura nos divertindo e nos refrescando um pouco por causa daquele calor. Meus irmãos mais velhos tinham muito cuidado comigo e procuravam sempre um lugar raso, onde eu pudesse ficar, sem perigo de me afogar, já que eu não sabia nadar. Passamos o fim da manhã brincando dentro do rio e depois voltamos para casa.

O RIACHO DE LARANJAIS

Dentro de Laranjais passa o rio das Areias. Não é um grande rio e sim um riacho com cinco a seis metros de largura e com uma profundidade de 1 a 2 metros em alguns pontos. Um dos afluentes do rio das Areias é um pequeno córrego que passa por fora de Laranjais. Nosso lugar de banho de rio predileto era nesse córrego que fica uns trezentos metros saindo em direção a Itaocara pela estrada. No encontro desse córrego com o rio das Areias é formado um pequeno lago. Ali desfrutávamos a liberdade que tínhamos como crianças. Eu ia sempre junto com os anjinhos mas, por não saber nadar ainda, não brincava dentro da água do rio, ficava só na beira da água brincando de fazer castelo de areia. Eles brincavam de pique-esconde embaixo d'água ou de pique-pega, que é colocar a mão no outro. Quem estivesse com o pique teria que colocar a mão em alguém. Era fácil se esconder dentro do rio pois a água barrenta não permitia nenhuma visibilidade. Estas brincadeiras exigiam que exercitássemos nosso fôlego e nosso preparo físico. Às vezes, meu irmão mais velho arranjava um tubo feito com talo de folha do pé de mamão e fazia dele um respirador. Ele ficava escondido debaixo d'água por diversos minutos, só respirando por aquele tubo, e ninguém conseguia encontrá-lo. Aquilo era demais para mim. Ele era o nosso Tarzan, o nosso herói. Eu quando enjoava de fazer castelo de areia brincava em um pequeno afluente do córrego e que não tinha mais de um metro de profundidade e talvez um metro de largura no máximo. Mas eu aprenderia na marra a nadar em pouco tempo.

Íamos os seis para o riacho nadar o dia inteiro depois das aulas, ou no fim de semana, ou nas férias. Os manos brincavam no riacho e, eventualmente, o Rintim também pulava dentro d`água e ia nadando na direção deles para brincar. Meus irmãos me mostravam como o Rintim nadava, chamando aquele estilo de cachorrinho e, querendo que eu aprendesse a nadar, me mandavam imitá-lo. Eles brincavam no córrego e eu no pequeno afluente raso. Eu subia no barranco na margem do pequeno afluente que devia ter meio metro de altura e pulava dentro d'água num areal meio que submerso. Subia o barranco novamente e pulava no areal submerso. Brincadeira de criança, mas criança sempre se distrai. Subi novamente e pulei sem olhar onde eu estava pulando. Caí numa parte funda do afluente que tapava minha estatura completamente. Meus irmãos, estavam a mais de vinte metros de mim, não me viam e nem me ouviam chamá-los. Não adiantava pedir ajuda porque não iriam me ouvir. Eles estavam na maior algazarra, rindo e mergulhando o tempo todo. Não iam me ouvir mesmo. Nem olhavam para o meu lado. Era o meu fim. O que fazer? Ninguém vai aparecer para me ajudar. Eu neste ponto já me afogava e tentava a todo custo subir para respirar. Vou morrer afogado, pensava. Desesperadamente, consegui emergir. Talvez aquela fosse minha última subida para respirar. Lembrei-me, então, das palavras dos meus irmãos que queriam que eu aprendesse a nadar e me ensinavam a nadar cachorrinho. Foi a minha salvação, comecei a bater as mãos na água em forma de concha como um cachorrinho faz e ergui a cabeça para poder respirar e me agarrei num capim na margem do pequeno afluente. Ufa, que susto! Aprendi sozinho, ali, naquela hora, a nadar, ou melhor coloquei em prática aquilo que eles tinham me ensinado. Não sei na verdade se eu aprendi a nadar ou se eu perdi o medo. A verdade é que daquele dia em diante mais um passou a fazer parte dos piques de esconde-esconde dentro do rio. Como perdi o medo fui nadando em direção a eles. Assim que me viram vieram em minha direção nadando rapidamente pensando que talvez eu tivesse enlouquecido. Quando lhes falei como tinha aprendido a nadar, quase morreram de susto. Mas todos se alegraram porque eu agora sabia nadar, ou talvez, porque agora teriam mais um para participar das brincadeiras dentro do rio. E, assim, eu agora, com quatro anos de idade, já sabia nadar sem ajuda dos manos podendo acompanhá-los pelos rios e córregos sem que eles se preocupassem tanto comigo.

Esse nosso local preferido para os banhos de rio ficava num descampado onde os bois pastavam. Havia somente uma árvore perto de onde ficávamos. Ela era muito alta e imponente. Nesta árvore um João de Barro começou a fazer a sua casa. Às vezes ficávamos, dentro do rio, observando-o que aos poucos ele ia fazendo sua casa com o barro da beira do rio.

Certo dia fomos nadar no rio eu e o Odilon e enquanto observávamos o João de Barro vimos uma marreca selvagem levantar voo, assustada com alguma coisa, de uma moita de capim alto próxima de nós. Fomos conferir e achamos o ninho da marreca com seis ovos. Que legal! Era uma marreca selvagem da espécie irerê. Deixamos os ovos no ninho e planejamos voltar no outro dia.

- Vamos armar uma arapuca amanhã e tentar pegar a marrequinha, disse o Odilon.

Depois de combinarmos a partilha da sociedade, eu e o Odilon fomos bem cedinho ao local do ninho para tentar apanhar a marreca. Não falamos nada para os outros manos, porque senão eles iriam querer apanhar a marreca junto conosco e apelariam muito senão permitíssemos. Se consentíssemos, eles se tornariam donos também da marreca. Por isso, fomos somente eu e o Odilon bem cedo e escondidos dos outros manos. Na beira do rio próximo ao ninho da marreca, o Odilon me deu ordens para que eu ficasse vigiando distante e quietinho sem fazer barulho. Eu fiquei escondido perto da margem do rio observando o Odilon. Ele foi andando sorrateiramente em direção ao ninho com um balaio feito de bambu para tentar pegar a marreca. A poucos metros de distância do ninho ela se assustou com ele e, fugiu, levantando voo, deixando para trás seus ovos no ninho na moita de capim colonial. Pegamos os ovos, pois já estava decidido levá-los para casa, e colocamos para as galinhas chocarem. A demora para os marrequinhos nascerem parecia uma eternidade. Mas, após alguns dias, eles chegaram: seis marrequinhos. Eles passaram a ser, momentaneamente, nossa nova alegria. Esquecemos, por um pouco de tempo, até do Rintim. Toda manhã a primeira coisa que queríamos ver eram os marrequinhos que se tornaram o nosso novo brinquedo. Depois de alguns dias, o Odilon me deu um golpe. Ele vendeu os marrequinhos para o Onil e me deu apenas umas balas para eu não chorar muito.

O FILME: OS DEZ MANDAMENTOS

Havia um cinema em Laranjais para umas cem pessoas sentadas e mais umas cinquenta em pé. Era o chamado "poeirinha". Colocaram um filme em cartaz que estava rodando o mundo e fazendo o maior sucesso com o ator Charlston Heston. O nome do filme era: " Os dez Mandamentos".

Minha família programou-se para assistir ao filme. Papai comprou os ingressos e deu aos filhos menos para mim que tinha então quatro anos de idade. O cinema ficava mais ou menos cem metros da nossa casa. Mamãe me colocou para dormir e todos foram para o cinema menos eu, o caçula. O filme começaria às 19:00 horas.

No meio do sono eu acordei e não encontrando ninguém em casa, coloquei meu chinelinho, chamei o Rintim com um assobio, fite, fite, fite, e fomos à rua procurar os meus pais e meus irmãos. Não os achando, comecei a chorar. Cidade pequena, naquele tempo, tinha destas coisas: logo apareceria alguém preocupado com uma criança pequena chorando na rua. E quem aparece? Um rapaz que se tinha tornado muito amigo da família e que estava muito interessado em namorar a minha irmã Osny. Fui encontrado pelo Genelcy, que, afetuosamente, me colocou debruçado no seu ombro com a cabeça virada para trás. E eu ia chorando no ombro do Genelcy, mas olhando para o Rintim, que vinha vigiando logo atrás. Vez por outra ele farejava alguma coisa e, quando farejava, queria afastar-se. Então, eu parava de chorar e chamava com um assobio e com os dedos: Rintim, Rintim, fite, fite, fite....Vem, vem, fite, fite, fite. Quando percebia que o Rintim já estava novamente nos acompanhando, eu voltava a chorar. Eu quero minha mãeeeeeeee, eu quero minha mãeeeeeeee....

. Dona Jacinta mãe do Genelcy, ficou tomando conta de mim, até meus pais saírem do cinema.

Genelcy, quando o filme terminou, ficou esperando minha família sair do cinema e lhes contou o que havia acontecido. Meus pais pensativos e preocupados com a situação embaraçosa foram me apanhar na casa da família amiga e me levaram para casa junto com o meu fiel guardião Rintim.

O pai de Genelcy tinha um calhambeque Ford 1929 conversível e, Genelcy, para impressionar minha irmã, me chamava para dar uma volta no calhambeque, claro, acompanhado da minha irmã Osny.

Genelcy e Osny, anos mais tarde, se casaram e tiveram um filho chamado Pablo.

O CINEMA NO ENGENHO CENTRAL

Entre o Engenho Central e Laranjais, havia o cemitério e uma pequena colina com muitos pés de eucalipto. A distância entre os dois locais passa de mil metros. Era pela linha de trem que íamos de Laranjais para o Engenho Central, pois a distância era um pouco menor e era mais iluminada do que a estrada, por causa das casas dos moradores do Engenho Central que eram paralelas à linha de trem. Na estrada havia também o inconveniente de passar algum caminhão trazendo poeira para cima de nós, o que já não aconteceria na linha de trem. Mas ambas eram próximas uma da outra e levavam ao Engenho Central.

O nome engenho central era inicialmente só uma empresa de moagem de cana-de-açúcar. Por causa da empresa a localidade se desenvolveu, passando também a ser conhecida pelo nome de Engenho Central. O engenho central era muito bem administrado. Seu proprietário era um empresário muito culto Sr. Álvaro Luiz, ele viajava por muitos países e sempre trazia novidades destes países para a sua empresa.

Seus funcionários tinham à disposição um comércio administrado pela direção do engenho central com mais variedades de produtos que as lojas na sede do município, Itaocara. Os funcionários não precisavam sair do Engenho Central para fazerem compras. Se quisessem até poderiam fazer quando estivessem de folga, porém, nem em Itaocara encontrariam tantas novidades e com preços mais baixos como no Engenho. A melhor farmácia, a melhor loja de roupas, a melhor mercearia, era no Engenho Central. Esse comércio ficava na rua principal em frente do engenho de açúcar dentro da propriedade da empresa onde havia uma cerca alta circundando o engenho. Ele criou uma moeda que circulava somente dentro da propriedade do engenho central. Pessoas que moravam nas roças circunvizinhas e que vendiam a plantação de cana-de-açúcar para o engenho, preferiam receber o pagamento em moeda do engenho do que a moeda circulante nacional, o cruzeiro, na época. Pois só se comprava no comércio do Engenho Central com a moeda do engenho. Essa moeda era comercializada também nos comércios adjacentes, pois era muito valorizada e todo mundo queria comprar alguma coisa no comércio do engenho. O funcionário, ao receber seu salário, trocava, se quisesse, até 50 por cento do salário recebido por aquela moeda na mesma paridade que a moeda nacional para gastar no comércio do Engenho Central mas, era, também, a única moeda com que se podia fazer compras ali. Este princípio administrado pela empresa, fazia com que o capital da empresa não saísse de suas mãos. Ele colocava à disposição dos funcionários roupas, alimentos, remédios, novidades e diversão, em melhor qualidade e diversidade, e o dinheiro acabava voltando para as mãos da administração do engenho e assim tinham um capital de giro sem a necessidade de empréstimos bancários para alguma emergência ou necessidade. O dono do engenho central era um empresário muito dinâmico um grande empreendedor. Todo bom empreendedor, naturalmente, tem o raciocínio rápido e quando toma uma decisão, normalmente, ela é final e definitiva.

Conta-se que certa vez que ele comprou um mini trem, do tipo chamada de Maria Fumaça, e mandou construir em torno de sua propriedade uma linha para a Maria Fumaça, exclusivamente, para seus convidados conhecerem a plantação de cana-de-açúcar mais de perto, sem nenhum constrangimento ou embaraço com cobras ou outro susto qualquer que poderiam passar. No dia da inauguração os pais dele vieram da capital para conhecer a mini Maria fumaça. Ela havia sido comprada de um país muito longe, o Japão, e todos queriam ver aquela maravilha se locomover. Os primeiros a andarem na mini Maria Fumaça foram os seus pais. A Maria Fumaça deu partida de uma estação preparada para aquele evento. Acenos e vivas foram dadas por aqueles que assistiam a inauguração da mini ferrovia. Todos estavam muito contentes com a alegria daquele grande empresário. Mas, em certo trecho do caminho aconteceu uma tragédia, o trenzinho tombou matando os pais dele. Aquilo que era um motivo de orgulho e prazer, se tornou em ódio e aversão pela mini Maria Fumaça. Ele deu ordens a seus funcionários que abrissem um buraco no chão, num local bem distante de todos e enterrassem a Maria Fumaça, onde ninguém jamais a visse novamente. E assim aquilo que poderia ter sido mais uma maravilha para aquele local se tornou motivo de pesar para aquele ilustre empresário.

O cinema do Engenho Central era muito melhor que o cinema de Laranjais com ótimos filmes de faroeste que faziam o maior sucesso naquela época. Nós queríamos assistir aos filmes de faroeste do Ringo, Django, Durango Kid, Zorro, etc...

E, certa vez, fomos assistir a um filme de "bang bang" à noite lá no Engenho Central. Naquela época a censura quase não existia, a não ser para filmes pornográficos. Então, eu fui assistir ao filme com meus irmãos. Terminado o filme, ficamos passeando, depois do cinema, para ver as novidades do Engenho Central. Quando se aproximou das vinte e duas horas resolvemos ir embora, pois já estava ficando tarde. Ninguém se lembrava, até o momento que chegamos perto, que teríamos que passar em frente do cemitério. Aquele trecho entre o Engenho e Laranjais, após terminar as casas dos moradores do engenho, era uma escuridão absurda, pois não havia postes de luz pública. Crianças tanto quanto adultos têm medo de cemitérios, principalmente, quando o local é escuro e sem iluminação. E mais ainda quando é tarde da noite. No interior as pessoas mais velhas gostavam de impressionar as crianças com estórias de assombração, mula-sem-cabeça, saci pererê, coisas assim... Então, estávamos em nosso íntimo preocupados em passar em frente do cemitério àquela hora da noite. E quando estávamos bem em frente do cemitério, um vulto vestido de branco entrou no cemitério e começou a bater o sino: bléim, bléim, bléim,... Nunca se toca sino de cemitério àquela hora da noite. Quem era aquela criatura? Não queríamos ver e nem queríamos ter certeza de quem estava tocando o sino. - Deve ser alguma assombração, disse alguém.

E outro da nossa turma gritou: - corram!

Nem precisava mandar correr. O medo era tão grande que não dava para fazer outra coisa senão correr. Corremos mais depressa que pudemos. Um pânico da caveira, da assombração ou mula-sem-cabeça nos pegar, que era apavorante! Corríamos como se algo estivesse realmente correndo atrás de nós. O corpo ficava arrepiado em pensar que a coisa estava se aproximando para nos pegar. Do cemitério até nossa casa era, aproximadamente, uns trezentos metros. Talvez tivéssemos até batido algum recorde de corrida, mas não deu para cronometrar. Entramos em casa correndo e pulamos na cama para escaparmos da assombração ou da caveira. Nem sei quantas vezes pedi a Deus para me livrar da caveira.

No outro dia fomos à rua para comentar sobre o filme e sobre o ocorrido no cemitério e o susto que levamos da assombração ou da caveira que tocara o sino. Descobrimos, então, que quem tinha tocado o sino fora o Genelcy. Ele tinha fama de ser o rapaz mais brincalhão de Laranjais. Ele tinha nos visto indo todos arrumados para o Engenho Central e sabia que iríamos ao cinema. Tínhamos comentado no campinho de futebol que faríamos isto à noite. Então, ele arranjou um lençol e nos esperou até àquela hora. Ele se cobriu com o lençol, quando nos viu voltando, e aguardou o momento oportuno para tocar o sino para nos assustar.

A MUDANÇA PARA ITAOCARA

No início do verão do ano de 1963, após morarmos dois anos em Laranjais, nossa família mudou-se para a sede do município Itaocara. Uma simpática cidadezinha no norte fluminense cujo nome na língua tupi-guarani significa "aldeia de pedra". Na época, ela deveria ter seus 5 mil habitantes. A cidade era bem iluminada e arborizada e o centro da cidade era calçado com paralelepípedos com boas praças, inclusive, a principal, com chafariz e coreto. Nesse coreto nas épocas de festas da cidade um dos moradores ilustres da cidade seu Elpydio declamava pocmas gregos e contava façanhas da mitologia dos heróis gregos.

Itaocara é banhada pelo rio Paraíba do Sul, um dos maiores rios da região sudeste do Brasil. Na região de Itaocara o rio Paraíba se alarga chegando, em alguns trechos, a ter cerca de setecentos metros de largura e em alguns pontos com uma profundidade de 10 metros ou mais. Da praça da piscina pública que era uma praça bem grande, podíamos ver, do parapeito do muro que protegia a praça do rio, as suas maiores ilhas. Eram cinco as maiores e tinham em comprimento mais de cem metros e largura de até trinta metros. Havia pedras também que afloravam à superfície do rio. Estas pedras no meio do rio serviriam para nós, no futuro, de ponto de apoio para nadarmos até as ilhas.

Para mim e meus irmãos, ali na cidade de Itaocara, começariam aventuras que marcariam nossas vidas para sempre. Uma lembrança que, provavelmente, criança nenhuma agora pode mais experimentar, pelo menos em nosso Estado.

Assim que mudamos fizemos sucesso com a garotada, pois nosso cachorro era o único no mundo, pelo menos para nós, que subia nas árvores da cidade. Eram árvores baixas e troncudas, próprias para dar sombras. Na rua em que morávamos, no centro da cidade, a Avenida Presidente Sodré, havia um canteiro com árvores que separava a rua em mão e contramão. Debaixo dessas árvores que estavam plantadas nesse canteiro, a prefeitura havia colocado bancos de concreto para os moradores sentarem. Os moradores no fim da tarde ocupavam estes bancos e ficavam de prosa até tarde da noite.

A garotada durante o dia chamava o Rintim para brincar e subiam nas árvores para fugir dele. Mas não adiantava, o Rintim subia na árvore, para desespero daquele que havia se escondido lá. Gostavam de brincar com o Rintim de pique-esconde, mas ninguém conseguia se esconder do Rintim. Ele parecia entender que aquilo era só uma brincadeira. Procurava as crianças escondidas dentro das varandas ou então subia na árvore não para morder aquele que havia se escondido mas, para brincar, talvez, do tipo " te encontrei".

Nosso mundo era somente diversão. Mamãe tinha que cuidar da casa, lavar nossas roupas, preparar a comida para um batalhão de filhos, oito no total. Éramos ao todo nove irmãos sendo três mulheres e seis homens. As meninas eram normalistas e se preparavam para serem professoras. O nosso irmão mais velho, era casado e morava na cidade do Rio de Janeiro.

Papai agora tinha aumentado seu campo missionário. Além de pastor da congregação local, os membros da denominação se reuniam na casa de alguns irmãos, pois em Itaocara ainda não tinha um templo da igreja. Papai continuava como pastor da igreja em Laranjais, Água preta, Valão do Barro, etc... Nesses locais, os meios que papai tinha para ir visitar eram um cavalo e uma bicicleta. Mas um missionário americano chamado Edward James Tims, ficou penalizado com a luta do meu pai e emprestou-lhe uma lambreta enquanto meu pai precisasse. Alguns destes locais, só se podia ir, às vezes, a cavalo pois não havia estrada era caminho de troteiro. Outros locais ele ia de lambreta e, em alguns outros, de bicicleta. Desta forma papai podia visitar suas ovelhas nos locais mais distantes onde muitas vezes as próprias autoridades brasileiras esqueciam que existia gente de tão abandonado o local.

O CINEMA DE ITAOCARA

Nossa primeira casa em Itaocara era muito bonita e moderna com um belo jardim na frente, um quintal enorme nos fundos e do lado esquerdo da casa o muro do cinema. Nem em sonhos imaginávamos que um dia teríamos uma surpresa tão agradável assim, morar ao lado do cinema. Era o que queríamos, assistir aos filmes todos os dias, isso era um sonho. Era só pular o muro e, pronto, estávamos lá dentro do cinema. Para nos ajudar, dentro do nosso terreno, ao lado do muro do cinema, tinha um pé de jambo bem encostado no muro, e a calçada lateral do cinema era mais alta que o terreno da nossa casa. Subíamos na árvore frutífera e ficávamos escondidos nas folhagens da árvore e esperávamos apagarem as luzes para começar o filme e pulávamos, entrávamos e sentávamos na poltrona do cinema. As portas laterais do cinema sempre ficavam abertas por causa do calor que fazia lá dentro. Ninguém na cidade tinha ar condicionado e nem o cinema.

Que legal! Eu podia assistir até filmes proibidos e só tinha cinco anos de idade, nesta época. Tínhamos combinado que só pularíamos o muro juntos. Assim um ajudava o outro. Mas um dia eu resolvi assistir a um filme sozinho. Nem quis saber qual era o filme que estava passando. Observando as regras impostas pelo grupo, esperei apagar as luzes do cinema, pulei o muro e sentei-me no meio de dois sujeitos grandes. Caso o lanterna viesse, ele pensaria que eu estava em companhia daqueles dois sujeitos. Um deles olhou para o outro e ambos olharam para mim. De repente, um dos grandalhões me segurou pelo braço e me levou para a portaria do cinema. Aí, então, o lanterna me colocou para fora. Não adiantou muito me colocarem para fora. Voltei para casa e pulei o muro novamente e, de novo, fui colocado para fora. Só que desta vez o gerente do cinema já me aguardava na portaria. Ele era filho da dona da casa em que nós morávamos e também dona do cinema. O gerente chamou meu pai e lhe contou tudo.

- Puxa vida! Por que aqueles sujeitos grandes me colocaram para fora? Eu perguntei para o Odilon.

Ele me respondeu:

- É um filme proibido para menores de 18 anos. Eles não queriam que você assistisse.

Agora papai ajudava a vigiar e tinha nos proibido de pular o muro do cinema. Naquela época nós não tínhamos televisão em casa. Televisão era só para as pessoas ricas. Como agora assistiríamos aos filmes? Então nos conformamos, porque não havia outro meio. Até que um dia brincando em frente do cinema um dos nossos amigos olhou pela bilheteria do cinema, que só tinha uma pequena grade até o meio e de cima para baixo, e viu o maço de ingressos em cima da mesa próximo da grade da bilheteria. Providenciamos um bambu abrimos uma boca na ponta do bambu e pronto já estávamos com o maço de ingressos na mão. O maço de ingressos tinha uns cinquenta ingressos e agora era só dividir entre nós. A mim coube a menor parte, porque eu era o menor e não precisava tanto de ingressos como os maiores. Chorei pra burro, mas não adiantou muito e eu acabei aceitando. Todos nós agora assistíamos aos filmes no cinema, sem sermos colocados para fora. O gerente pensava que talvez papai estivesse nos dando dinheiro. Quando lhes entregávamos o ingresso na entrada do cinema, ele ainda passava a mão em nossas cabeças. Talvez pensasse: "que garotinhos bonzinhos!" Tínhamos uma fonte inesgotável de ingressos. Quando acabasse o que tínhamos era só pegar mais um maço na bilheteria. O gerente nem em sonhos imaginava o que estava acontecendo. Até que um dia eu tive uma ideia. Vou vender uns ingressos na rua e arranjar um dinheirinho para as balas na hora do cinema. Fui vender os ingressos nas Quatro Esquinas do centro da cidade. Era o lugar central da cidade. O primeiro sujeito que eu ofereci o ingresso ainda me perguntou se eu tinha muitos ingressos em minha casa.

Falei para ele com ar de dono de muitos ingressos: "um montão!" O sujeito devia ser parente dos donos do cinema e colocou a boca no trombone. O grupo todo foi descoberto, tivemos que devolver os ingressos que sobraram. Foi uma surra danada. Fiquei como ovelha negra do grupo. Os meninos deviam estar querendo me dar uma surra também. Papai e os pais dos outros meninos nos colocaram de castigo. Papai depois da surra nos deu a maior bronca do mundo e nos falou que nunca mais poderíamos pular o muro senão a coisa ia ficar mais séria ainda com ele. Quando papai falava daquele jeito, ninguém nem piscava os olhos. E os pais dos outros meninos os proibiram de andar conosco. Não éramos boas companhias para os filhos deles. Mas isto só por pouco tempo, porque nenhum menino que nos conhecia queria perder nossa amizade, acho que por causa do Rintim.

Papai ficou envergonhado com a dona da casa porque ela era também dona do cinema. Assim, ele logo arranjou um jeito e nos mudamos para outra casa, rapidinho.

A SEGUNDA CASA

Saímos da casa ao lado do cinema e fomos morar perto do hospital, na praça Toledo Piza, quase em frente da estação ferroviária. Era uma casa simples e velha bem diferente da que estávamos, mas não era muito distante da que morávamos. Distava uma da outra cerca de trezentos metros. Na realidade, a segunda casa em que fomos morar, eram duas casas geminadas. Nos primeiros dias a família ficou dividida os meninos maiores e as meninas dormiam numa casa e, eu, papai e mamãe dormíamos na outra casa. Uma era muito pequena para nossa família e me lembro que papai, sozinho, abriu com uma marreta uma passagem na parede para a outra casa que ele alugara também para não haver separação entre nós. A casa que era pequena acabou ficando bem maior. Eu, nesta época, por ser o caçula, dormia no quarto com papai e mamãe. Até que eles me mandaram um dia dormir no quarto com os outros meninos. Acho que eles me julgaram já ser grande o suficiente para dormir no quarto junto com os manos. Que legal! Só o Rintim não dormia naquele quarto. O único problema era o banheiro que ficava no lado de fora da casa e eu tinha medo de ir lá fora à noite. Nos fundos do pequeno quintal da casa não havia muro e começava o morro que tinha uns cem metros de altura. Logo nos primeiros metros, subindo o morro, havia uma pequena mata virgem. Imagine ir de madrugada ao banheiro, sozinho, que ficava próximo da subida do morro. No quarto dos meus pais quando eu tinha vontade de ir ao banheiro minha mãe ia junto comigo. Mas agora eu tinha que ir sozinho ao banheiro senão os manos iriam me pilhar. Então pensei, já que o Odilon tem fama de mijão quando me der vontade de ir ao banheiro eu me levanto vou até a cama dele e urino embaixo da cama dele, assim ele vai levar a culpa. Quase todo dia ele levava a maior bronca. Era difícil alguém acreditar que não tinha sido ele, porque vez por outra ele urinava na cama. Eu ficava bem quieto com cara de anjinho. Coitado do Odilon! Ele talvez estivesse até acreditando que fosse ele mesmo que estava urinado embaixo da cama enquanto dormia. Talvez até pensasse que era sonâmbulo. Até que um dia fiz o estava acostumado, mas quando fui voltar para minha cama, estava muito escuro e eu com muito sono, comecei a tropeçar em tudo que tinha no quarto e acabei acordando todo mundo. Acenderam as luzes e pegaram o verdadeiro mijão. Assim tive que confessar o medo de ir ao banheiro àquela hora da noite. Dessa forma, providenciaram um pinico caso tivesse vontade de ir ao banheiro.

Chegando o tempo das férias escolares arranjamos um local perto da casa para pescar. O Onil conversou com o papai para nos dar dinheiro para comprarmos anzol e linha. Perto da nossa casa havia uma casa abandonada e os canos de água da casa, por ser muito antiga, eram de chumbo de onde tiramos pequenos pedaços para as linhas de pesca. A isca para pescar tinha na beira do rio, era só cavar um buraco e pegar umas minhocas. Na ilhota havia um bambual e de lá tiramos as varas de bambu para pescar. Ali ao lado da ilhota passou a ser nosso local predileto para pescaria. Este local ficava bem em frente à nossa casa. A ilhota tinha uns vinte metros de comprimento e ficava distante da margem uns seis metros. Os peixes gostavam de ficar por ali por causa do remanso da água naquele local.

Toda vez que eu e Olney passávamos pela cerca de proteção da estação ferroviária, ou pra ir pescar ou para ir à cooperativa, atravessávamos os trilhos dos trens e olhávamos bem se havia alguém nos observando. Se não houvesse alguém olhando chegávamos até a alavanca de mudança de trilho do trem e a virava. Se o maquinista ou o chefe da estação ferroviária não ficassem atentos, o trem entraria numa outra linha. Então o maquinista teria que parar o trem, voltar o trem em marcha ré e mudar a alavanca. Mas eles estavam sempre desatentos.

Puxa! Que arte! Como eu gostava de ver o trem dar marcha ré e apitando! O chefe da estação e o maquinista talvez desconfiassem dos anjinhos do pastor, mas nunca foram lá em casa falar com o meu pai. Mas pode ser também que, como naquela rua havia muitas crianças, talvez, desconfiassem de uma ou de outras crianças e não de nós porque quase todos daquela rua tinham que passar pela linha férrea para ir até a cooperativa de leite que ficava na beira do rio e atrás da estação de trem.

A SURPRESA DO RIO VAZIO

Certa vez o rio nos surpreendeu. Era fim de semana e cedinho fomos até a praça da piscina e vimos que o rio havia esvaziado. Fomos os seis andando pelo leito do rio até as ilhas como sempre fazíamos. Desta vez ultrapassamos o nosso limite e queríamos atravessar, a pé, o rio até a outra margem. Ficamos brincando horas nas pequenas lagoas de água quente e pegando frutas nas ilhas. Estávamos muito distante da praça da piscina. Quando percebemos o rio já havia começado a encher. Normalmente quando fechavam a represa e depois a abriam, soltavam a água aos poucos para não apanhar ninguém de surpresa. Mas desta vez não foi assim abriram as comportas da represa todas de uma só vez. Quando percebemos isso começamos a voltar rapidamente, mas não deu tempo de chegar à terra firme, somente chegamos até a ilha mais próxima da praça da piscina. Estávamos na ilhota, embaixo da ponte, onde fica o primeiro pilar. Não queríamos correr o risco de nadarmos até a margem com o rio vindo naquele volume todo como de uma enchente. Ele estava vindo com muita força e podia estar arrastando alguma árvore ou cerca de arame farpado. O que fazer? E se for uma enchente provocada por uma tromba d'água que estiver vindo? O volume do rio já estava mais do que o normal e nós a pouco menos de cinquenta metros para chegar até a margem. Ficamos ilhados, os seis, sem saber o que fazer. Vamos ter que passar à noite aqui nesta ilhota. Estava ficando tarde e o sol já estava na linha do horizonte. Papai e mamãe vão começar a nos procurar. Mas a decisão de permanecer ali não era tão simples. Representava correr o risco de ser uma enchente e acabarmos morrendo arrastados pelas águas do rio. Mas, sem que esperássemos, o nosso herói nos salvou. O

Rintim sem mandarmos fazer aquilo ele pulou na água do rio e nadou até a terra firme. Ficamos olhando meio boquiabertos aquela cena, e pensando: O que será que ele vai fazer? Quando o Rintim chegou na outra margem, gritamos para ele ir até nossa casa. Cachorro pastor alemão é assim tem uma inteligência impressionante. Ele saiu em disparada e foi até a nossa casa e começou a latir para os meus pais, saía de perto deles e voltava, latia e se afastava novamente. Papai começou a se preocupar e a pensar: Eles só andam juntos com o Rintim. Então entendeu que o Rintim o estava chamando. Sem perder tempo, disse: "vamos lá Rintim, leve-me onde os garotos estão! Rintim partiu em direção a nós levando papai até onde estávamos. Vimos papai chegar com o Rintim e na margem do rio papai começou a nos gritar para nadarmos até ele. Com papai ali era mais fácil. Perdemos um pouco o medo e desafiando o rio entramos e nadamos até onde papai estava com o Rintim. Ufa, estamos salvos! Se não fosse o Rintim, aquela noite todos na família teriam problemas para dormir. Papai depois nos contou como o Rintim chegou em casa latindo e fazendo o movimento de ir embora, assim ele compreendeu que ele o estava chamando para nos ajudar em algum problema. Todos ficamos felizes com o nosso herói, o Rintim. Todos passavam a mão em sua cabeça e dizíamos um elogio. E parece que ele entendia que estávamos o elogiando, pois abanava o rabo e latia com um semblante de alegria também.

O AFOGAMENTO

Em outro dia, também próximo ao centro de Itaocara, nós os anjinhos e mais uns sete amigos, fomos a um lugar diferente nadar. Éramos uns doze meninos ao todo e o Rintim, como sempre, junto também. O rio Paraíba estava completamente seco e as pedras do fundo do rio estavam todas aparecendo. Haviam fechado a represa em Barra do Piraí. Naquela época era muito comum o fechamento da represa. Estava tão vazio que podíamos atravessar o rio pulando de pedra em pedra sem molhar os pés. Na altura da ponte de ferro da linha de trem, fomos andando pelo leito do rio até próximo da maior ilha. Fomos pulando de pedra em pedra com cuidado para não escorregarmos até que encontramos uma piscina natural com mais de vinte metros de largura e uma profundidade de uns 3 metros. Parecia uma lagoa e com água quente. Uma delícia! Nem pensamos duas vezes, tiramos nossos shorts e pulamos dentro d'água. Mergulhávamos, plantávamos "bananeiras", que é ficar de cabeça pra baixo só com os pés para fora da água, estávamos na maior algazarra, ríamos nos divertindo muito. Quando de repente um rapaz que nos viu brincando dentro da água foi andando até onde estávamos e pulou também para nadar. Só que ele não sabia nadar e começou a se afogar. Acho que ele pensou que a água ali não era profunda. Ficamos apavorados e boquiabertos com o que víamos. O que fazer? Nenhum de nós tinha coragem para tentar salvar o rapaz. O lugar era deserto, apesar de ser no centro da cidade, estávamos a mais de cem metros da casa mais próxima de nós. Não tínhamos como pedir ajuda a ninguém. O Rintim começou a nadar próximo ao rapaz como se quisesse ajudá-lo, mas o pavor do que se afogava era tanto que nem entendia o que estava acontecendo ao seu redor. Nós gritávamos para que ele segurasse no rabo do Rintim, mas ele, infelizmente, não nos ouvia. Ele devia estar desesperado demais para nos ouvir. Quando pensamos que era o fim para aquele rapaz veio outro rapaz e que era bem mais forte e mais velho do que todos nós, mas estava aparentemente bêbedo, pulou na piscina natural para ajudá-lo. O que se afogava, no desespero, agarrou no pescoço do que pulara para salvá-lo. Era um abraço de morte para o rapaz que queria ajudar. Nossa, que desespero! Agora eram dois se afogando. Um subia por cima do outro para respirar e afundava o outro. O outro, no desespero, puxava as pernas ou os braços do outro para subir e poder respirar. Ficaram assim segundos que parecia uma eternidade. Nós ali olhando, a poucos metros deles, desesperados e com medo e sem poder ajudá-los. Parecia um filme de terror. Todos nós perplexos esperando aquilo que poderia acontecer, os dois morrerem afogados na nossa frente. Até que o rapaz que tinha pulado para ajudar, sem ter ninguém para ajudá-lo, não tendo nenhuma alternativa, deu um soco no rosto do que se afogava e o rapaz tonto com o soco, largou-o. Mas logo se recobrou do soco e vendo que o rapaz estava deixando-o, segurou na perna dele novamente. E assim recomeçou o desespero. Os dois querendo se salvar e o que se afogava, não querendo perder sua oportunidade de salvação, puxava o outro. O rapaz que tinha pulado para ajudar, nesta hora, já não pensava mais em salvar o que se afogava e sim se salvar. Mas a providência divina ajudou os dois e, graças a esta ajuda, ambos se salvaram conseguindo sair da água. Por pouco não morreram os dois ali na nossa frente. Depois, o rapaz que se afogara ficou sentado nas pedras, cabisbaixo, como se lamentasse o ocorrido ou quem sabe, agradecendo a Deus de ter-lhe poupado a sua vida. E o bêbado seguiu seu caminho, talvez envergonhado por ter quase morrido ou talvez pensando em como Deus usou de misericórdia pela coragem dele. Existem tantos heróis anônimos. Este rapaz foi mais um e nunca soubemos o seu nome nem o daquele que quase se afogara.

Depois do susto com os rapazes se afogando, perdemos toda a vontade de continuar tomando banho de rio naquele local, e, resolvemos ir embora também. Quando íamos tomar banho de rio, tirávamos nossos shorts, para não sujá-lo com a água barrenta. Todos nós estávamos nus. Todos apanharam seus shorts, menos eu o meu. Não sabia onde o tinha deixado. Como eu vou embora agora? Comecei a chorar e a pedir, "cadê o meu short"? Até que um rapaz de nome Pedro, ele era filho do dono do único hotel da cidade, e que estava conosco e era nosso amigo, teve uma boa ideia e me emprestou sua camisa enorme. Ele era fortinho e devia ter uns quinze anos. Eu, com sete anos e magrinho vesti sua camisa que batia na minha canela. Não havia outra ideia melhor e resignado aceitei. Fomos embora e atravessando a cidade eu estava com uma vergonha enorme e eles fazendo piadas comigo por causa daquela camisa que mais estava parecendo um vestido de tão grande que estava em mim. E Pedro brincando dizia para eu devolver a camisa dele.

A CANOA ENCALAHADA

Outro dia aconteceu uma coisa muito legal. Eu e Olney andávamos passeando depois da escola, na volta para casa, à beira do rio. Queríamos ver como estava o rio depois de uma grande enchente. Sempre aparecia alguma novidade trazida pelas águas e não poderia ser diferente desta vez.

O grupo escolar em que estudávamos era o Frei Tomás, distante quase um quilômetro da praça da piscina. Caminhamos pelo centro da cidade até chegar próximo à praça da piscina pública. Nós gostávamos descer da cabeceira da ponte para a praça da piscina pelo nosso local preferido que era uma passagem de águas pluviais entre a cabeceira da ponte e uma casa que ficava ao lado dela onde havia muitos pés de manga. Às vezes encontrávamos mangas boas caídas a poucos instantes no chão, ou então o pé estava tão carregado de mangas que seus galhos ficavam quase encostando no chão. Apanhávamos as mangas mais maduras e íamos comendo-as pelo caminho. Descíamos escorregando pela passagem de águas pluviais que usávamos como um escorrega e caíamos na rua beira rio. Assim passamos pelo fim da praça da piscina e andando pela beira do rio entre a estrada de ferro e o rio, fomos descendo em direção ao hospital que ficava próximo da nossa casa. Com poucos metros caminhados vimos um presente trazido pelo rio: uma canoa encalhada pertinho da margem do rio. Que sorte! Ela devia ter uns cinco metros de comprimento. Vamos contar com a sorte e vamos avisar os manos, pois ninguém ainda a viu. Se a tivessem visto, já a teriam apanhado, com certeza. Corremos para casa e chamamos o Onil, o Odilon e o Oto, o Rintim nem precisava chamá-lo. Quando nos via saindo de casa, levantava e ia junto. Então fomos tirar a canoa que estava encalhada nas pedras perto do banheiro público e da lixeira da cidade. Aquele lixo todo, na beira do rio, afastava as pessoas daquela área, por isso ninguém viu a canoa. Entramos no rio os cinco, e começamos o trabalho de desencalhar a canoa. Foi uma dureza tirar a canoa das pedras. Ela estava tombada e a força do rio fazia pressão sobre ela nas pedras, mas conseguimos tirá-la. Ela estava muito avariada, cheio de pequenos furos. Mas com barro de tabatinga dava para tapar os furos dela e, assim, podíamos agora andar de canoa para um lado e para o outro dentro do rio. Nós seríamos os grandes piratas do rio. Era só levar uma lata e ir tirando a água que poderia entrar pelos furos que tínhamos tapado com barro.

Nossos sonhos estavam prestes a serem realizados. Ir até as ilhas mais distantes e dar uma olhada nas plantações. "Como deve haver frutas nas outras ilhas mais distantes!", pensávamos nós. Havia ilhas que não tínhamos coragem de ir nadando, porque os pescadores já haviam nos avisado que aqueles locais eram os mais profundos do rio. De fato, durante as secas do rio víamos onde havia as piscinas naturais e que eram crateras gigantescas com profundidades de até 5 metros no leito pedregoso do rio.

- E agora? Onde vamos ancorar nossa canoa? Quando os adultos nos virem com a canoa vão querer tomar da gente.

-Vamos escondê-la!

A proposta foi logo aceita. Escolhemos um local bem próximo de onde a encontramos. Aquela área não era usada por ninguém pois ali naquele local perto da ilhota que ficava a uns 10 metros da margem, além do lixo, havia muita jigóga. A jigóga é uma planta aquática que gosta de águas paradas e onde os peixes gostam de descansar e colocar seus ovos. Mas os jacarés e as cobras gostam também das jigógas porque sabem que os peixes maiores ficam ali. Assim, ninguém ia lá olhar ou andar por ali, por causa do perigo de alguns destes animais, mas não nós. Nós erámos aventureiros e tínhamos coragem.

Depois de escondermos a canoa com folhagem de jigóga na margem do rio para ninguém apanhá-la de nós ou o seu verdadeiro dono reencontrá-la, fomos para casa. Planejamos como seria nossa primeira aventura com a nossa canoa. E, no outro dia, fomos, os seis, os cinco irmãos e mais o Rintim, armados de bambus e latas para o barco.

Fizemos o que havíamos planejado. Tapamos os furos que existia na canoa com barro e o colocamos de volta no rio. Entramos os seis na canoa. A mim coube a tarefa de tirar a água que entrava pelos furos da canoa com uma latinha, ao Odilon e Onil o comando da canoa, o Oto e Olney ajudavam com as mãos a remar, o Rintim era o passageiro da classe turística, não fazia nada só latia.

Demos início à nossa aventura pelo rio. De onde partimos até a correnteza eram mais ou menos uns duzentos metros. O rio estava mais cheio do que o normal e a correnteza começou a nos levar rio abaixo cada vez mais rápido. Quando chegamos perto do hospital que ficava na beirada do rio, logo ganhamos velocidade mesmo sem remos. A canoa a certa altura com água quase pela metade. Estava entrando mais água pelos furos do que eu conseguia tirar com a latinha. O barro de tabatinga, que tínhamos colocado para tapar os furos, não estava adiantando nada. A força da água entrando pelos furos estava transformando o barro em lama. Eu não estava dando conta da água que estava entrando e todos começaram a me ajudar. Uns tirando água com as mãos em forma de cuia e outros com latas. Não estava adiantando nada. A canoa ia afundar com todos nós dentro dele. O jeito era eu, o menor, pular e abandonar a canoa. Os outros continuariam a viagem. Mas antes que fizéssemos alguma coisa ou que eu saltasse da canoa nossa viagem terminou alguns metros mais abaixo. As ondas provocadas pelas pedras submersas e a canoa com água até a metade fizeram o que era evidente: começou a adernar e entrar mais água dentro dela. Quando todos se preparavam para pular da canoa vimos, ao passar debaixo de uma árvore da ilhota que fica atrás do hospital, uma cobra de uns dois metros pendurada na árvore e mostrando a língua para nós. A correnteza do rio nos levava exatamente para passar debaixo do galho da árvore onde estava a cobra. A canoa ia afundar, a correnteza era muito forte e não tínhamos remos. Amedrontados, por causa da cobra, não pensamos duas vezes. Nem precisou o comandante do barco dizer: "abandonar o navio!" Todos pularam ao mesmo tempo, mais com medo da cobra cair sobre nós do que da correnteza, inclusive o Rintim. E abandonamos o nosso barco, mas ele logo parou em um remanso poucos metros atrás da ilhota perto de onde gostávamos de pescar. A cobra continuava lá na frente, pendurada na árvore. Ninguém se machucou. Saímos todos rindo do rio pela ilhota onde estava a cobra. O Rintim, parecendo entender o que tínhamos feito, depois de se sacudir para tirar a água do pelo, latia e abanava o rabo em sinal de contentamento e aprovação. Entramos novamente na água, agora com o intuito de guardar a canoa. Depois de virá-la para tirar um pouco d`água, a arrastamos para fora d`água e a escondemos no bambual que havia na ilhota. Quando quiséssemos nós a usaríamos novamente e, assim, ela ficou escondida por algum tempo.

Passados alguns dias, ficamos sabendo que aparecera o dono da canoa. Ele não era conhecido de ninguém. Era de uma localidade entre Itaocara e Laranjais chamada Batatal. Ele estava perguntando a todo mundo se tinham visto a canoa dele. Deu toda a descrição da canoa e a cor principalmente. Disse que tinha ficado sabendo que algumas crianças estavam andando em uma canoa azul e que poderia ser a dele. Foi fácil chegar até nós. Cidade pequena é assim, todo mundo fica sabendo o está acontecendo e quem fez o quê. E, normalmente, em quase todas as coisas, nós os anjinhos estávamos envolvidos. Ele disse que era pescador e precisava da canoa para sustentar sua família. Ficamos com pena e a devolvemos para ele, mesmo sem ter certeza se ele era realmente o dono. Ele nem nos agradeceu por termos encontrado e devolvido.

Depois de alguns dias de frustração pela perda da canoa, concluímos que tínhamos que arranjar outro barco para nós. Mas este tinha que ser nosso mesmo.

- Vamos construir uma jangada! Disse nosso líder, o Onil. Ele foi logo nos instruindo: - Vamos arranjar uns pés de piteiras, cortamos em alguns pedaços o tronco dela, amarramos um tronco ao outro e está pronta nossa jangada.

- Ué, não vamos ter um barco não? Perguntei ao mano.
- Jangada e barco é a mesma coisa! O importante é que a gente pode navegar pelo rio com ela também, respondeu o mano.

No linguajar local piteira é uma planta com grandes folhas do tipo da folha do abacaxi que dá um tronco e quando seca fica muito leve e boia igual a cortiça. Foi fácil cortar uns seis pés já secos. Existia muitas nos morros ao redor da cidade. Levamos com facilidade para casa porque era muito leve, apesar do tronco ter, pelo menos, uns seis metros cada um. Em casa cortamos cada tronco em duas partes e fizemos nossa jangada com três metros de comprimento e quase a mesma metragem na largura. Nossa intenção era construir uma jangada. Saiu alguma coisa parecida. Só não havia o mastro e a vela, mas para nós era a melhor jangada do mundo. E era só nossa! Providenciamos bambus para fazermos do mesmo jeito que os pescadores faziam para atravessar o rio. Eles não remavam usavam bambus compridos para impulsionar a canoa para a ilha em que moravam, ou quando iam pescar com tarrafas ou com redes. Eles só usavam os remos quando o rio estava muito cheio.

O melhor ancoradouro que havia no rio era em frente à Praça da Matemática, entre a quadra de futebol de salão e a cooperativa de leite que ficava na beira do rio quase ao lado do hospital. Havia muito espaço ali e as árvores nos protegiam também do sol quente. Foi ali que começamos a montar nossa jangada embaixo das árvores. Não a montamos em casa para não chamar a atenção dos vizinhos, seus filhos viriam atrás de nós e nossos planos de ir até as ilhas seriam prejudicados. Assim saímos cedo de casa, cada um levando quantos paus da piteira conseguisse levar e mais os barbantes para amarrá-las uma às outras. Amarradas as toras umas às outras, fizemos nossa jangada. Agora era só colocá-la dentro da água e navegarmos rio abaixo. Foi o que fizemos. Colocamos a jangada dentro do rio e com os bambus fomos remando nossa jangada. Poucos metros navegados, percebemos que as toras não estavam bem firmes e elas começaram a se afastar umas das outras. Nós não sabíamos que o barbante não resiste à água e que molhado perde seu poder de corda. As toras da piteira começaram a se soltar umas das outras e a nossa jangada começou a virar um monte de toras soltas dentro do rio. Naufragamos a alguns metros da margem do rio. Pegamos carona cada um numa tora, pois, eram suficientes para suportarem o peso de cada um de nós. Seguramos nelas e fomos nadando até a margem do rio e, ali, ficamos brincando até a hora do almoço. Esquecemos por alguns instantes nosso fracasso na tentativa de irmos até as ilhas sem molhar os pés na água do rio.

Cansados de brincar fomos embora para casa. Mas, por muito tempo comentaríamos entre nós sobre esta nossa façanha que quase deu certo, se não fossem os barbantes que não aguentaram na água e desamarraram nossa jangada. Depois de algum tempo fomos tentar conseguir as toras da piteira para fazer nova jangada e desta vez tínhamos arranjado cordas. Mas, para nossa surpresa, não existia mais pés de piteira. As piteiras só dão o tronco uma vez na vida.

A MONTANHA DE ITAOCARA

Da nossa casa tínhamos a visão, quando olhávamos pela janela, da montanha que ficava do outro lado do rio. A mesma visão se tem também de toda a cidade. É como um enorme quadro ou cartão postal gigante. Ela é uma montanha enorme, negra pelo granito de que é formada. Nascendo imponente no meio do pasto verde que a rodeia, ela tem um aspecto que nos chamava muito a atenção. A montanha parecia com um gorila gigante. Quando olhávamos para ela nossa imaginação ia longe. Parecia um gorila enorme petrificado por alguma magia e enterrado no pasto dos bois até a barriga. O topo da montanha tinha uma fenda que o dividia em duas partes. De longe, olhando aquela fenda, parecia que era o topete da cabeça do gorila.

Um belo dia, depois de tanto olhar para a montanha, combinamos em ir explorá-la. Começamos a nos preparar e, para isso, era preciso nos municionar com os suprimentos necessários para a escalada e traçamos os planos para irmos até o seu pico: a que horas levantaríamos e o que levaríamos de alimentos etc? Ela nos atraía muito com aquele formato de cara e corpo de gorila. Para aumentar nossa curiosidade os garotos da cidade, quando reunidos na praça da piscina pública, contavam muitas estórias sobre a montanha. Falavam que lá na montanha havia tropas nazistas e soldados da segunda guerra mundial, outros falavam até de piratas, coisas assim. Que lá esconderam tesouros da segunda guerra mundial, etc, etc, etc... Nossos olhos brilhavam imaginando encontrar tesouros do tipo dos piratas escondidos na montanha.

Estas estórias ganhavam força por causa de dois irmãos

alemães que trabalhavam como vigias na estação de trem que ficava quase em frente da casa onde morávamos. Segundo os moradores contavam, eles haviam fugido da primeira guerra mundial e vieram parar no Brasil. Foram presos e, depois de algum tempo, soltos. Mas ficaram pela cidade e eram sustentados pela caridade de algumas famílias bondosas que lhes davam alimentação. Conseguiram um emprego de vigia da estação ferroviária e moravam em um depósito na própria estação. Eles eram muito estranhos, nunca os vi andando pelas ruas da cidade. Só ficavam sentados no banco lateral, no final da estação, virado para minha rua. Mas, nós os anjinhos, não gostávamos deles. Achávamos que eles fingiam ser amigos e bonzinhos, mas a qualquer momento dariam ordens para as tropas escondidas na montanha com cara de gorila invadirem a cidade. Descobrimos que eles tinham um apelido que não suportavam. Assim, gostávamos de chamar os irmãos alemães pelo apelido que as outras crianças haviam colocado neles e que eles detestavam: coruja e manjuba. Quando os chamávamos de coruja ou de manjuba, eles simulavam um desmaio. Eu gostava muito de chamá-los daqueles apelidos, só para vê-los caírem "desmaiados". Na verdade eu nem sabia quem era o manjuba e quem era o coruja.

Havia uma cerca de proteção na estação ferroviária. Eu saía da minha casa que era perto da estação, atravessava a rua e ia olhando para ver se eles estavam sentados, como de costume, nos bancos que ficavam uns cinco metros da cerca de proteção no final da estação. Esperava um pouco até que eles aparecessem. Quando apareciam para sentar no banco, eu começava a chamá-los daqueles apelidos. Quando eles ou um deles caía no chão, eu saía correndo e rindo muito. Algumas crianças diziam que eles fingiam que desmaiavam, porque as vizinhas bondosas corriam para ajudá-los e lhes davam café e, então, eles se recuperavam. Os filhos dos vizinhos diziam que o que eles mais gostavam era de café e, por causa disso, fingiam que desmaiavam.

Nas conversas na praça da piscina com os meninos da cidade começamos a imaginar que os irmãos alemães deveriam ter escondido também metralhadoras, revólveres, granadas e outros materiais bélicos na montanha para uma eventual guerra contra o Brasil. Olhávamos para o outro lado do rio e lá estava ela, toda imponente, esperando por nós. Tudo o que uma criança poderia imaginar passava por nossas cabeças. Naquela época os filmes americanos sobre a segunda guerra mundial eram os principais filmes que passavam em nossos cinemas. Por isso, pensávamos tanto nesses arsenais. Planejamos nossa exploração à montanha. Primeiro, temos que levar água. Providenciamos um gomo de bambu gigante para acondicionar a água. Segundo, para matarmos a fome, sanduíche de pão com banana. Nosso pai havia nos ensinado a levar também sementes de frutas para semearmos nos morros e montanhas, a fim de ajudar a natureza. Sempre, quando fazíamos um trajeto deste levávamos sementes em nossos bolsos para espalharmos nos morros. Colocamos os pães num bolsa, o bambu gigante o amarramos com uma tira rasgada de um pano de prato da cozinha da minha mãe. Colocamos as tiras do pano amarradas de ponta-a-ponta como se fosse uma mochila para podermos colocá-lo nas costas com as bananas e os pães. Estava tudo pronto. Tínhamos que acordar cedo para a viagem, já que a montanha ficava pelo menos a uns seis quilômetros de distância. Após atravessar a ponte Ary Parreiras que tem seiscentos e cinquenta metros sobre o rio Paraíba, andaríamos ainda a pé pelo meio do mato mais uns cinco quilômetros até chegarmos a montanha.

No fim de semana preparado para irmos, acordamos cedinho. Um foi acordando o outro e bem quietinhos tomamos café. Saímos de casa, com pé de seda, sem fazer barulho e fomos pelo caminho comendo algumas bananas para sustentar a longa caminhada. Atravessamos a ponte, olhando para o rio Paraíba, que parecia nos dizer: bom dia ! Gostávamos de olhar o rio de cima da ponte. A velha ponte era estreita. Dava para passar dois veículos, mas com muito cuidado. Se fossem dois caminhões não daria para passarem ao mesmo tempo. A calçada para pedestres também era muito estreita. Quando vinha uma pessoa em sentido contrário, um dos dois teria que ceder, indo para a pista de veículos, porque a calçada não cabia duas pessoas lado a lado. Íamos observando o rio, de cima da ponte, enquanto andávamos. A ponte tem uns 10 metros de altura. Daquela altura já se tinha uma visão ampliada de toda a largura do rio, das ilhas e ilhotas, das pedras no meio do rio que iam acumulando lixo trazido por alguma cheia e que aos poucos ia formando uma nova ilhota. As jigógas contribuem muito para isto. Elas logo surgem no lixo acumulado, e vão atraindo areia para aquela pedra. Por causa do remanso que as pedras e as jigógas causam na água elas vão acumulando areia que o rio traz e logo nasce algum arbusto e assim vai surgindo uma nova ilha. Vez por outra, víamos saltando para fora da água, fugindo de algum dourado, um robalo ou uma carpa, peixes preferidos dos dourados. Eu admirava o grande observador do movimento das águas: o Martim-pescador, pássaro de cor azul-escuro e de peito branco. Ele é o caçador de peixes do rio. Lá de cima da ponte, enquanto caminhávamos, víamos, por causa da cor, ele a espreita em um arbusto qualquer nas pedras do rio ou em alguma ilhota pousado numa árvore. Ali, esperava o momento certo para apanhar suas presas prediletas, peixes menores que subiam à superfície da água. De repente, ele levanta voo, bate o bico dentro da água e certeiro apanha o peixe. Acompanhávamos sua trajetória ele ia direto para seu ninho levar comida para os seus filhotes ou então parava em um arbusto qualquer para acabar de engolir sua presa.

Depois de atravessar a ponte para o outro lado onde havia fazendas de criação de gado, seguimos a estrada à esquerda e que nos levaria em direção à montanha. Primeiro pela estrada de chão beirando o rio, depois pulando as cercas das fazendas e atravessando os pastos, tendo cuidado com os bois, pois poderia ter algum boi bravo que sempre dava uma corrida atrás da gente quando entrávamos em algum pasto desconhecido. Os anus nos observavam empoleirados nas cercas. São pássaros pretos muito comuns nos pastos e que comem os carrapatos dos bois e, às vezes, saíam chilreando para algum pé de tamarindo, denunciando nossa presença. Aquela era a cidade dos pés de tamarindo em todo pasto havia um ou mais. Eles foram plantados para dar sombra para o gado. Enfim, chegamos ao pé da montanha. O Rintim estava cansado de tanto correr atrás de aves e dos bois. Os bois, às vezes, corriam atrás dele e de nós. Parecia que se divertia muito com isso, pois, o seu semblante latido e o abano do rabo, nos faziam entender assim. Acho que era seu jeito de se comunicar com a gente.

Aquelas paisagens eram novidades para nós, porque não íamos para aquele outro lado da ponte, aquela era a primeira vez. Havia muitas novidades ali: quero-queros, ararinhas, periquitos, rolinhas e vegetação tipo serrado, além de pitas, bromélias e alguns cactos. Perto da montanha tivemos a dimensão da beleza do local. O capim do pasto era de um tipo parecido com grama bem verdinha. Aquela vegetação contrastando com a montanha parecia um quadro pintado por um grande mestre da pintura. Era de uma beleza quase que indescritível. Começamos a olhar o melhor local para subir a montanha. Pela primeira vez na vida vi um pé de palmito. Pensamos em levar para casa, mas seria muito difícil escalar a montanha carregando o palmito. Deixamos para cortá-lo na volta para casa. Chegamos ao pé do paredão da montanha por volta das 08:30 da manhã. Sabíamos do horário por causa do sol. Quando não tínhamos muita certeza, apanhávamos um pedaço de um galho e o enfiávamos no chão para fazer um relógio do sol, e pela sua sombra sabíamos mais ou menos a hora do dia. Na nossa visão o sopé da montanha era a barriga do gorila enterrado no chão que víamos da nossa casa. A montanha, dali para cima, devia ter uns duzentos metros de altura. Era granito puro e liso. Parecia uma parede de tão íngreme que era. A inclinação devia chegar a 70 graus e parecia impossível escalá-la. Não havia uma fenda no paredão por onde pudéssemos nos agarrar e começar a escalada. Como íamos imaginar que aquela pedra que víamos de longe era tão alta e tão lisa? Não poderíamos voltar de mãos vazias. Tínhamos que continuar nossa aventura. Imagine a decepção, depois de tanto esforço voltar sem nenhum troféu, nem pensar. E o pior todos os garotos iriam rir da nossa fracassada aventura. Não íamos desistir assim tão fácil, somos desbravadores e não desistimos assim na primeira dificuldade, pensávamos. Nos separamos para procurar uma passagem para escalar a montanha. O Odilon e o Olney foram para um lado, eu, Oto e Onil fomos para o outro lado. Enquanto tentávamos encontrar um local para subir pelo paredão. De repente, o Odilon nos grita que havia achado uma passagem para escalarmos a montanha. Nos juntamos a eles e fomos subindo sem muita dificuldade até que chegamos a um local menos íngreme mais ou menos no meio da montanha com muito capim gordura com aproximadamente um metro de altura. Aquilo grudava na gente igual cola e a roupa parecia que tinha sido lavada com gordura. A gordura impregnada na roupa fazia com que as sementes do mato agarrassem em nossas peles e roupas. E não queríamos ficar andando pelo meio do capim por causa de cobras venenosas e, ainda teríamos que passar por outro paredão, para chegar ao topo da montanha. De repente, sem entendermos direito ouvimos uma gritaria danada. Meu coração disparou de susto pensei que eram índios. Mas, para nossa surpresa e alegria, era um bando de macacos assustados com nossa presença, fugindo de nós e subindo o paredão para o topo da montanha. Eram uns vinte macacos ou mais, talvez, assustados por causa dos latidos do Rintim, ou porque nunca tinham visto um ser humano até aquele dia. É provável que pelo nosso tamanho tenham nos confundido com um grupo de macacos invasores. Quem poderia saber?

- Vamos pegar um, gritou o Onil.

Começamos a arranjar forças para tentar pegar algum macaco. Já pensou voltar para casa com um troféu daquele? A cidade toda ia nos ter como heróis. Lá na cidade, se voltássemos com um macaco, toda a população iria à nossa casa ver o troféu que trouxemos da montanha. O bando de macacos correndo, montanha acima, gritando e nós atrás deles correndo primeiro pelo capim gordura e depois tentando subir um paredão escorregadio por onde os macacos subiram. Tudo em vão. Os macacos conheciam a montanha e com habilidade subiam e nós, após subir uns poucos metros o paredão, descíamos deslizando de volta o que tínhamos subido. O jeito era mandar o Rintim atrás. Coitado, ele também subia uns cinco metros no paredão e voltava deslizando arrastando suas unhas nas pedras, tentando se segurar. Todos nós tentamos subir mas voltávamos escorregando o que havia subido. Falhamos em nossas tentativas mas o Oto conseguiu devagarinho subir no paredão e fomos atrás dele. Menos o Rintim ele não conseguiu subir e ficou nos esperando voltar. O coitado do Rintim perdeu todas as suas unhas, gastando-as quando deslizava pelo paredão. A sua pata ficou sangrando e devia estar doendo à beça, porque ele volta e meia passava a língua na pata e choramingava. Quando conseguimos chegar ao lugar onde pensamos que os macacos estariam, eles já haviam sumido. Procuramos nas árvores que existia lá em cima, mas não os encontramos. Talvez houvesse alguma gruta em que se escondessem. E, quem sabe se na gruta não estão também armas e os tesouros escondidos pelos irmãos alemães? Mas não havia gruta nenhuma. O fato é que os macacos desapareceram. E também não havia arsenal de guerra nenhum era tudo imaginação ou invenção das crianças da cidade.

Depois de subir mais um pouco, encontramos um lugar menos íngreme e chegamos ao topo da montanha. Levamos mais de 1 hora para subir até aquele ponto. Aquilo que parecia com o topete da cabeça do gorila era uma divisão em dois topos. E, entre os dois topos, havia um pequeno bosque com algumas árvores altas. Lá da cidade, quando olhávamos esta divisão que parecia ser apenas uma pequena brecha não dava para ver que tinha esse bosque. A fenda era enorme, aproximadamente, uns quinze metros de profundidade e uns dez metros de distância de um topo para o outro. O Oto viu um ninho de urubu-rei que da posição da árvore em que estava ela ficava quase que na mesma altura que nós. Ele desceu do topo até o pequeno bosque e subiu na árvore onde estava o ninho e apanhou um ovo do urubu-rei para levar como troféu. A intenção era colocar uma galinha para chocar o ovo e, após nascer o filhote, termos um urubu-rei em casa.

Lá de cima a vista era maravilhosa. Avistávamos quilômetros de distância até os morros em volta de Laranjais, Batatal, Aperibé, Jaguarembé e toda nossa Itaocara. Vimos ilhas distantes de Itaocara que não sabíamos que existiam. Depois de olharmos aquelas paisagens espetaculares, chegou o momento tão esperado. Com um espelho que o Onil tinha levado, demos sinal em direção à cidade, para marcarmos nossa presença. Tínhamos que registrar nossa passagem pela montanha. Assim, depois de algum tempo, começaram em vários pontos da cidade a darem sinal também com espelho de que haviam nos visto. Foi uma vitória. - Fomos vistos! Gritamos quase que ao mesmo tempo.

- Podemos dizer para nossos amigos que fomos nós. Disse o Onil.

- Temos que levar algumas coisas para mostrar que estivemos aqui. Disse o Odilon.

- Não podemos esquecer o pé de palmito também. Disse o Oto.

Tínhamos que levar provas materiais da nossa presença na montanha e que fomos nós que demos sinal com espelho. Ninguém na cidade tinha feito o que fizemos. E nós vivíamos dizendo que a escalaríamos. Depois de algum tempo lá em cima resolvemos ir embora e começamos a descer a montanha. Já passava das 12:00 horas e estava todo mundo com fome. Lá em cima não havia nenhum pé de fruta. As sementes que semeamos levariam anos para se transformarem em árvores, mas estávamos dando nossa contribuição à natureza. Os anjinhos além de aventureiros eram também ajudantes da natureza. Não podíamos demorar muito senão nossa mãe ficaria preocupada. Agora o cansaço tinha tomado conta de todos nós. A água havia acabado e estávamos com muita sede. Nosso mano Onil não nos permitia beber água de nascente que achávamos, porque poderiam estar contaminadas. Fomos descendo a montanha e passando pelos mesmos locais em que subimos a montanha. Chegamos ao local onde o Rintim havia ficado nos esperando. Não vimos mais os macacos, desapareceram. Eles haviam fugido mesmo por causa da presença do Rintim. Chegamos ao sopé da montanha . Cortamos o pé de palmito com um canivete e tiramos suas folhas. Atravessamos os pastos de bois e fomos caminhando até chegar à estrada de uma fazenda próxima. Na casa de um colono da fazenda, pedimos água para saciar nossa sede. A dona da casa era muito boa e nos deu água e alguns biscoitos feitos com polvilho, pois, havíamos falado para ela sobre a nossa aventura a fome e a sede que estávamos sentindo. Depois de comermos os biscoitos agradecemos e fomos andando pela estrada até chegar à ponte. Faltavam ainda uns dois quilômetros até a nossa casa. O cansaço já tomava conta de todos e a fome, apesar dos biscoitos, fazia com que comêssemos goiabas que encontrávamos pelo caminho mesmo as verdes. Na margem do rio sempre havia muitos pés de árvores frutíferas das sementes trazidas pelas enchentes.

Perto da ponte havia uma olaria e aproveitamos para passar ali e apanhar um pouco de barro para fazer bolinhas para matar passarinhos principalmente rolinhas. Elas, fritas, no prato, eram uma iguaria para nós. Aquele barro de olaria é especial e quando seca fica igual à pedra. Pedimos ao empregado da olaria e apanhamos uns dois quilos de barro da olaria e continuamos nossa caminhada. Quando chegamos à cidade, já passava das 15:00 horas. Algumas pessoas vieram ao nosso encontro pois, ao darmos sinal de espelho para a cidade, logo começou a especulação de quem eram aqueles sinais. Aquela aventura logo os levou a imaginarem que só podiam ser os anjinhos que tinham ido escalar a montanha. Um dos que saíram ao nosso encontro foi um homem de uns 60 anos. Ele nos disse que era nascido e criado naquela cidade e que sempre teve vontade de ir à montanha mas nunca teve coragem, e nós fomos morando ali há pouco tempo.

Nossa aventura começava a dar o resultado esperado. Ficamos mais conhecidos ainda e, quando passávamos, ouvíamos os burburinhos e os olhares para nós. Talvez por causa da nossa sujeira, logo fomos delatados como os aventureiros da montanha. Os meninos vinham ao nosso encontro e queriam saber como era lá na montanha, se tinha as tropas alemãs e armas lá, que tronco era aquele que levávamos etc. E o Oto mostrava seu troféu: o ovo do urubu-rei. Mas estávamos muito cansados. Agora tínhamos que dar " um tempo". Até os heróis têm direito ao descanso!

Quando chegamos à nossa casa já passava das 15:30 horas. Nós estávamos completamente sujos com a gordura do capim mais a terra com que nos sujamos e o barro da olaria. Parecíamos trabalhadores de minas de carvão. Nossas irmãs já estavam nervosas e nossa mãe quase louca. Elas já haviam passado na delegacia de polícia para comunicar ao delegado, dr. Bellot, que nós estávamos desaparecidos há muito tempo. Mas depois de contarmos a nossa aventura naquele dia elas até esqueceram que tínhamos sumido passando a rir das histórias e de nós.

O Oto colocou o ovo do urubu-rei para uma das galinhas chocar mas não deu certo porque algum tempo depois o ovo apodreceu.

APRENDENDO A ANDAR DE BICICLETA

Em frente à primeira casa em que moramos mais precisamente ao lado da casa de um professor da cidade chamado Gamaliel havia um beco que dava saída para a rua do rio e, na direção do beco, na beira do rio havia um banheiro público. Seria neste beco que eu aprenderia a andar de bicicleta. Quando víamos uma bicicleta dando sopa na rua, nas imediações deste beco, apanhávamos emprestada sem pedir ao dono. Íamos para o beco com a bicicleta. O Oto e Olney andavam um pouco cada um e depois me colocavam em cima da bicicleta e davam um empurrão. Este beco tinha uma pequena inclinação para o rio. Normalmente, para não cair dentro do rio e por não saber frear a bicicleta, eu me esforçava para bater na porta do banheiro público com a bicicleta e acabava levando o maior tombo empenando a roda da bicicleta. Aí a levávamos de volta ao mesmo local onde a havíamos apanhado e a deixava lá. Os donos das bicicletas agora com a roda empenada nem imaginavam o que havia acontecido com elas para que elas ficassem daquele jeito. Então, arranjávamos outra bicicleta. Eu me divertia muito, menos com os tombos para aprender a andar de bicicleta. Até que um dia, depois de escolhermos a bicicleta, nós a levamos para o beco. Na minha vez quando subi na bicicleta eles me empurraram e eu desci embalado com a bicicleta, como sempre. A bicicleta bateu na porta do banheiro que abriu com o impacto. Havia um rapaz negro lá dentro fazendo suas necessidades. O susto que ele levou foi maior que o meu. Mas eu me levantei o mais rápido possível e saí correndo a toda pressa em direção aos manos. E o rapaz, de dentro do banheiro, gritava e me xingava. Saímos os três disparados para bem longe dali, morrendo de rir do rapaz no banheiro. Desta vez não colocamos a bicicleta no lugar deixamos ela caída lá no banheiro.

UMA LAGOA NO TOPO DE UM MORRO

Andávamos por todos os lugares, principalmente nos morros. O mano Onil sempre falava dos bandeirantes que desbravaram o Brasil e isto nos impulsionava a tentar descobrir coisas novas. Naquela época, não existia perigo aparente em andar pelos morros da cidade. O mais perigoso seria encontrar uma cobra ou um animal bravo como um boi ou um cachorro danado. A cidade era rodeada de morros e somente o gado é que andava por ali. As pessoas tinham uma vida muito pacata e nós queríamos descobrir o mundo. O Onil era o mais animado para as aventuras e levava o bando atrás dele. Mesmo que ele não quisesse nos levar acabávamos convencendo-o, senão eu choraria o tempo todo e acabaria delatando o intento do grupo para os meus pais. Um dia me avisaram que tinham descoberto uma lagoa, no topo de um morro, cheio de marrecos selvagens, tartarugas, peixes e, talvez, até jacarés houvesse. E o mais importante, também tinham visto umas emas. Pensamos então, era só apanhar uma. Já pensou o que os outros meninos iam dizer? Vocês são os heróis da cidade! As emas só estavam naquele local de madrugada. E a nossa casa ficava a uns 5 kms de distância. Para nós não havia problema, era só andar e subir o morro! Nunca conseguimos pegar nenhuma ema. Até mesmo papai um dia nos acompanhou para vê-las. Conversando sobre a lagoa, lembro-me que alguém disse, certa vez, que ali poderia ter sido um pequeno vulcão.

Depois de alguns meses de tê-la descoberto, abriram com tratores a boca da lagoa e ela secou, os animais pequenos sumiram e também as emas. Naturalmente procuraram uma nova lagoa para continuarem a viver. Acho que o fazendeiro acabou com ela para ter mais pasto para os bois, ou porque tinha nos visto andando pelo morro e quis que não fôssemos mais lá.

A LAMBRETA

Um pastor amigo do papai, o Rev. James Edward Tims, um missionário americano muito bom e que era amigo da nossa família, emprestou uma lambreta modelo vespa para o papai poder visitar as igrejas. Era uma tentação vê-lo sentando na vespa, ele dava uma pisada no pedal do arranque e ela funcionava. O Onil sabia dirigir e papai sempre deixava ele dar uma volta na cidade. Vez por outra o Onil me levava para um passeio na cidade. Um dia sentei na vespa pisei no pedal do arranque e acelerei como papai ou o Onil fazia. Não sei como, mesmo sem a chave na ignição a vespa pegou e eu comecei a acelerar. Eu gostava de sentir o cheiro daquela fumaça. Papai veio correndo apavorado, impressionado como eu tinha feito a vespa funcionar sem as chaves. Ainda bem que ele veio. Eu era magrinho e pesava uns vinte quilos, se aquela vespa caísse em cima de mim eu morreria esmagado ou quebraria algum osso.

O FOGO NO MATAGAL

A nossa casa ficava no pé de um morro com uma mata nos fundos da casa. Ela não tinha muro nos fundos. Era só subir um caminho escavado no paredão do morro e já estávamos na mata. Era muito legal. Um dia descobrimos ali um cipó numa árvore enorme. Cortamos o cipó, e, veio à ideia de brincar de Tarzan. Todo dia quando saíamos da escola subíamos o morro e brincávamos no cipó. Era sensacional! Vários amigos estavam indo brincar no cipó com a gente. Pendurados no cipó, íamos de um lado para o outro imitando o Tarzan. Algumas vezes a coisa saia errada e alguém batia na árvore. Até que um dia papai preocupado em andarmos pela mata, cortou o cipó, com medo de alguém quebrar algum braço ou perna, e não pudemos mais brincar. Tínhamos que arranjar outra brincadeira. Pouco tempo depois de papai cortar o cipó, quando eu voltava da escola, vi um fogaréu enorme no morro, num terreno ao lado da minha casa. Neste terreno não tinha árvore, só capim colonial. O Oto e Olney resolveram colocar fogo no capim. Aquilo se alastrou com uma facilidade enorme. O fogo subiu a uma altura imensa. Os moradores da rua saíram de suas casas para verem o fogo. Perguntavam entre si quem havia feito aquilo. Mas todos já sabiam. Só poderiam ser os anjinhos do pastor. Havia moradores para todo lado com latas de água tentando apagar o fogo. Ele poderia se alastrar pela vizinhança e pegar nas roças atrás das casas ou talvez, até nas próprias casas. Eu estava a salvo desta, não iria apanhar desta vez, porque estava no colégio. Mas os dois, o Olney e o Oto entraram para a história da cidade: descobriram com a queimada um cemitério abandonado há anos. Todos já haviam se esquecido dele de tão antigo que era. Foi o primeiro que existiu na cidade e ficava no alto do morro atrás de nossa casa. Foi uma surra danada que os dois levaram. Ainda bem que nesta eu não entrei. Mas depois eu levei uns cascudos deles porque fiquei rindo dos dois enquanto apanhavam.

A GUERRA ENTRE OS MENINOS DA RUA

Em nossa rua brincávamos de bangue-bangue com os meninos, mas era muito chato, principalmente, porque alguém tinha que ser índio ou bandido. Todos queriam ser o mocinho. Assim querendo descobrir uma nova brincadeira percebemos que o local atrás de nossas casas era propício para uma batalha entre as turmas da nossa rua. A pequena mata que havia no morro por trás das casas em nossa rua era um ótimo local para travarmos nossas guerras. Essa matinha fica em um morro de uns cem metros de altura e era do tamanho aproximado de uns dois campos de futebol de grama. Só faltava combinar com os respectivos chefes o inicio da guerra e como se procederia com os prisioneiros que fossem capturados. Afinal, tinha que haver uma convenção de guerra. Resolvido sobre a convenção decidimos que todo prisioneiro seria amarrado numa árvore e após as "torturas" de praxe para que o prisioneiro entregasse a posição do seu grupo, onde era o acampamento, o nome do líder, quantidade de soldados, etc.... Faríamos assim porque era assim que víamos no cinema com os prisioneiros de guerra. Dividimos os meninos em três grupos em guerra. Nós os anjinhos erámos um dos grupos. Cada grupo foi para uma área da mata para fazer seu acampamento. A guerra seria do tipo um contra todos e todos contra um. Construímos nossas armas: arcos e flechas feitas com bambu, atiradeiras, lanças etc. Como munição usaríamos mamonas e amêndoas. Tinha muitos pés de amêndoas em volta da estação ferroviária. Com tudo preparado para a guerra combinamos o dia em que ela começaria. Declarada a guerra começamos a caçar os inimigos e atacar os acampamentos com tiros de amêndoas e mamonas, flechas e lanças. Os meninos mais espertos fugiam para não serem aprisionados. Mas não deu muito certo porque o primeiro prisioneiro era filho de gente rica. Ele gritou muito quando os moleques o amarraram no tronco de uma árvore e o despiram. A árvore estava cheia de formigas. Seus gritos atraíram sua mãe que correu para a matinha. Imagine o susto da mãe: o garoto amarrado numa árvore, pelado, cheio de formiga mordendo-o. O moleque entregou todo mundo. Levamos a maior bronca e tivemos que fazer um tratado de paz. Ficamos todos de castigo e, assim, resolvemos acabar com a guerra. Não dava para fazer guerra com as mães se intrometendo. Mãe não entende nada de guerra e sempre estraga as brincadeiras das crianças. Voltamos a brincar de faroeste ou de pique-esconde.

A EXPLOSÃO

Era início de março de 1964, não demoraria muito e teríamos uma catástrofe na cidade e uma que marcaria a cidade também por muitos anos. Foi a explosão da companhia construtora que alugara uma casa no centro de Itaocara para servir de escritório. Ela ficava numa casa bem ao lado da igreja matriz em frente à praça do chafariz que é a praça coronel Guimarães.

A construtora havia sido contratada para duplicar e asfaltar a estrada que liga Itaocara ao município de Santo Antonio de Pádua. No dia 03, dia do pagamento, quando os trabalhadores e técnicos da companhia iriam receber seus salários, aconteceu essa tragédia. No dia anterior ao pagamento dos salários, a sede da construtora mandou para o escritório em Itaocara uma carga de dinamite e cilindros de oxigênio. O pior iria acontecer a qualquer momento, quando, principalmente, chegassem os funcionários para receberem seus salários. Em frente à construtora havia a banca de jornal que meu mano Odilon sempre ajudava o jornaleiro entregando os jornais dos fregueses e com isto ganhava alguns trocados. Um dos melhores clientes era o pessoal do escritório da companhia. Mas, naquele dia, o ônibus que trazia os jornais do Rio de Janeiro atrasou, e o Odilon só ia na banca quando o ônibus chegava. Ele apanhava o pacote de jornais que o ônibus trazia e levava para a banca que ficava no outro quarteirão. Fazia assim, também, o jornaleiro. Por questão de minutos, por causa do atraso do ônibus, meu mano Odilon e o jornaleiro, não fizeram parte da tragédia que assolou a cidade.

A notícia que ainda estava sendo muito noticiada nos jornais era a transferência da capital federal do Rio de Janeiro para

Brasília. Todos compravam jornal para ler as notícias sobre a nova capital do Brasil que faria nos próximos dias quatro anos.

Estava na hora do pagamento e os funcionários chegando ao escritório para receber seus salários. Já havia dentro da casa que servia como escritório, cerca de treze funcionários, quando houve a explosão. As casas vizinhas àquela em que estava sediado o escritório da construtora, desapareceram. Eu estava com meu amigo mudinho a uma quadra de distância da construtora quando aconteceu a explosão que foi ensurdecedora. O próprio mudinho que também era surdo fez sinal de que tinha sentido a explosão, talvez pelo tremor no chão que ela provocou. O centro da cidade ficou parecendo com uma cidade bombardeada. Uma nuvem de poeira invadiu as ruas próximas junto com uma chuva de pedras. Eram os destroços das casas vizinhas e do escritório da construtora. Corpos mutilados voaram a grande distância ficando espalhados pelo centro da cidade. Corri para a praça coronel Guimarães para ver o que acontecera mas um rapaz apareceu do meio da nuvem de poeira e falou para eu ir embora. Voltei e fui para minha casa que ficava a uns trezentos metros de distância avisar minha mãe que não havia sido nós, os anjinhos, que havíamos feito aquilo. Quase tudo que acontecia na cidade nós levávamos a fama. Minha mãe não sabia o que havia feito tremer a casa toda e estava desesperada pensando que tinha sido um terremoto. Voltei novamente para a praça, correndo para checar o que realmente havia acontecido. Quando voltei ao local da explosão, a poeira já havia baixado. A cena era dantesca as casas ao lado do escritório da construtora estavam totalmente destruídas. A casa onde estava sediado o escritório desaparecera, ficando só um buraco no local. Vi um braço acenando por socorro embaixo dos escombros da casa vizinha ao escritório. Era o marido da minha professora que se salvara milagrosamente, mas estava embaixo dos escombros do telhado e das paredes da casa. Depois ficamos sabendo que seu filho de poucos meses também foi salvo pela providência divina. A casa inteira desabou menos a parte do teto que estava acima do local do berço onde a criança dormia. Foi um milagre, não acontecer nada com o bebê, noticiado até nos principais jornais.

As ruas estavam todas cobertas de pedaços de tijolos das casas e de restos humanos. Foi um dia de luto para Itaocara. Nunca havíamos presenciado nada parecido em nossas vidas. O governador Badger da Silveira enviou equipes de médicos e medicamentos para ajudar às vítimas da tragédia.

A REVOLUÇÃO DE 1964

Poucos dias após a tragédia, olhando as pessoas na rua, percebi que elas estavam assustadas e apressadas. A televisão mostrava, diariamente, os soldados montados em cavalos, correndo atrás das pessoas que estavam em aglomerações e batendo nelas com cassetetes, na cidade do Rio de Janeiro e São Paulo. Minha mãe pediu aos filhos que não saíssem à noite na rua porque tinha sido anunciado o toque de recolher. Havia começado a revolução de 31 de março de 1964. Nas ruas de nossa cidade começavam os comentários sobre a revolução. Quem era comunista e quem não era? Ficamos sabendo que em nossa cidade existia um grupo chamado "grupo dos sete". Eram as principais autoridades da cidade que deveriam ser mortas numa revolta contra o governo federal. Incluía aí o delegado de polícia, o prefeito, o juiz, o padre, o pastor, etc. Ficamos sabendo de um rapaz que havia sido muito amigo de nossa família ele seria o responsável pela execução do meu pai. Meu pai foi visitá-lo na cadeia e conversou muito com o rapaz. Ele acabou pedindo perdão ao meu pai. Depois disto nunca mais o vimos. Houve outro rapaz que se escondeu em nossa igreja. Papai o descobriu escondido ali e com pena dele lhe deu comida e permitiu que continuasse escondido. Mas ele acabou se entregando. Ficou preso na delegacia da cidade, onde dizia a todos que meu pai tinha sido o único que havia sido amigo dele e para não incrimina-lo acabou se entregando às autoridades. Meu pai foi também visitá-lo na cadeia e nas conversas ele confessou que seria o responsável pela execução do delegado da cidade. Este rapaz havia sido aluno do delegado. Algum tempo depois foi posto em liberdade vigiada. A polícia que era uma piada para nós crianças, mais até parecida com a polícia mexicana dos filmes americanos, mudou completamente. Passou de pacata a autoritária, impondo um respeito que antes não existia por ser todo mundo vizinho. Uma obediência exagerada a uma autoridade que antes não existia, proibindo tudo e a todos de qualquer ato. Até nós crianças que não saíamos da pracinha da piscina que ficava perto da delegacia ficamos proibido de subir nas árvores e fazermos algazarras. Qualquer ato de desrespeito a uma ordem policial poderia ser interpretado como um ato subversivo, diziam nossos pais. Assim, ficamos quietinhos em nossas casas, porque a polícia estava prendendo os subversivos, e para não sermos problema para nossos pais, esperamos as coisas se acalmarem.

O NATAL

L embro-me que o natal era um dia especial somente no sentido de comemorarmos o nascimento de Jesus, mas em nossa mesa não mudava quase nada. Normalmente, no natal, mamãe matava umas duas galinhas, para a família de dez pessoas, e só. Apesar da ausência de uma mesa farta não nos faltava o amor. Éramos as crianças mais felizes do mundo, pois o amor que recebíamos de nossos pais supria toda falta de bens materiais. Tínhamos saúde, brincávamos o dia inteiro e isto bastava para nós. Mesmo sendo crianças, compreendíamos que nossos pais não podiam nos dar presentes. Não porque não quisessem, mas porque não tinham condições financeiras para isso.

Lembro-me especialmente do natal de 1963. Fui instruído pelo irmão que mais se aproximava em idade comigo, o Olney, que me disse para colocar meu sapato na janela, pois Papai Noel colocaria um presente dentro dele. Era só pedir em oração que Papai Noel ouviria e traria meu presente de Natal. Pedi não sei se um velocípede ou uma bicicleta. Afinal de contas, uma vez eu ganhei um velocípede do meu pai. Diziam que Papai Noel dava presentes a todas as crianças que eram boazinhas. Não sei se o presente caberia no sapato mas eu era criança e os sonhos de criança costumam se realizar. Doce sonho! Rapidinho meus irmãos mais velhos explicaram que não existia Papai Noel nenhum.

Papai no natal de 1964 só pode dar para cada filho uma bola de soprar, destas que a gente estoura às centenas nas festas de aniversários. Ficamos tristes, mas sabíamos também que a situação financeira do papai não estava boa. Mas o Odilon não aceitou de maneira nenhuma, chorou o tempo todo, queria um presente melhor. O Odilon tinha fama de chorão e quando começava a chorar não havia quem suportasse tamanho choro. Queria uma bola de verdade. Dizia que toda criança no natal merecia um presente e ele queria um presente de verdade. Papai conversou com a mamãe e decidiram comprar, com muita dificuldade, uma bola de futebol para o Odilon. Não era uma bola de couro mas de plástico. Aliás, foi para todos nós que a bola serviu e ficamos muito contentes. Até o Rintim brincava com a bola. Ele era o que mais gostava da bola e como não poderia deixar de ser, onde íamos jogar bola, ele ia junto para brincar conosco. Ele só não sabia brincar direito. Às vezes mordia a bola e acabou furando-a. Aí tivemos uma ideia, improvisamos fazendo nossas bolas com meias de nossas manas. As melhores eram as meias de seda. Roubávamos as meias das nossas irmãs e íamos brincar. Estas não tinham problema o Rintim morder. O problema era quem iria apanhar das manas quando elas descobrissem o que tínhamos feito. Sempre elegíamos um para ser sacrificado pelo grupo. Nosso lema era: comece a chorar nas primeiras chineladas e elas logo param de bater. Depois mudamos de tática, então, furávamos as meias de nossas irmãs, mas ficávamos de orelha em pé. Quando elas começassem a reclamar que a meia estava furada aparecíamos com a "cara mais lavada do mundo" e pedíamos a meia para brincarmos. Sem ter certeza de como a meia se rasgara elas davam a meia para nós. E assim íamos brincar com a bola feita de meia de seda das nossas manas.

No natal de 1965 a coisa continuava feia como antes, ou seja, papai nesta ocasião não tinha condição de dar presentes a tantos filhos. Então, mais uma vez deu um presente bem fraquinho para nós: uma baratinha de plástico com uma lâmina embaixo. Quando se comprimia a lâmina com o plástico, ela fazia um barulho semelhante a uma barata tipo krek, krek, krek. Mas para minha decepção a barata não durou muito tempo e no mesmo dia em que a ganhei ela quebrou. Não adiantava chorar, tinha que se conformar.

PAGA E NÃO BUFA

Dentro de nossa casa tudo era brincadeira. E arranjamos uma brincadeira na hora da comida. Demos o nome à brincadeira de "paga e não bufa". Ela surgiu porque mamãe reclamava que quando acabávamos de comer sempre tinha comida caída na mesa. Assim, para que isso não acontecesse mais, inventamos essa brincadeira em forma de aposta. Era assim: quando íamos almoçar levantávamos o prato para ver se havia algum caroço de arroz, ou feijão, ou de outro alimento caído na mesa. Quando estávamos comendo, a qualquer momento, poderia ser pedido para levantar o prato, e se houvesse algo caído em torno do prato, aquele que tivesse deixado cair algum resíduo de comida teria que dar uma colher de comida para quem tivesse apostando com ele. O Odilon sempre apostava comigo e eu sempre perdia. Eu não entendia como poderia ter deixado alguma coisa cair na mesa se eu tinha tomado o maior cuidado. Eu sempre pagava pra ele com o melhor que tinha no prato. O pior é que não podia bufar ou seja reclamar. Anos mais tarde descobri que ele trapaceava colocando um pedaço de arroz na ponta do dedo sem que eu visse e dizia pra mim encostando o dedo com o arroz na toalha, olhe aqui, você deixou cair na mesa. O inocente sempre sofre com os irmãos mais velhos.

QUEIMADURA

N a margem do rio Paraíba era o local de despejo do lixo municipal. A cultura daquela época permitia que a prefeitura jogasse o lixo da cidade na margem do rio. Ficava aquele lixo todo caindo dentro d'água. E muitas vezes os vizinhos colocavam fogo no lixo por causa dos ratos e das moscas.

Certo dia caminhávamos eu, Olney, Oto e o Rintim pela rua que beirava o rio Paraíba. Quando chegamos perto do lixo vimos que só restavam cinzas e que ainda saía fumaça do meio delas. Alguém sugeriu que entrássemos nas cinzas para vermos se ainda tinha fogo. O escolhido foi eu.

Falaram para mim: - Você é o mais doidinho da turma, pisa lá para ver se ainda tem fogo.

Com aquele incentivo de que eu era o mais doidinho da turma não pensei muito e pisei fundo. Afundei até o joelho na cinza e que por baixo era um fogaréu vermelho-amarelo como o sol em determinados dias. Sorte minha que o Olney e Oto me puxaram agarrando meus braços e me tirando daquele fogo. Se fosse muito profundo aquele lixo pegando fogo e eu afundasse o corpo todo teria virado churrasco humano. Minha perna direita no mesmo instante ficou com uma bolha de água enorme que eu nem podia andar de tão grossa que ficou. Eles rapidamente me levaram para casa no colo, fazendo, os dois, uma cadeira com os braços. Não sei quem estava mais desesperado eu vendo a perna daquele jeito ou os dois que levariam a maior surra quando eu contasse o que havia acontecido. Fiquei de cama três meses sendo tratado em casa por minha mãe. Fui reprovado na escola, por faltar às aulas e por insuficiência de nota, pois perdi várias provas. Tive que repetir a primeira série do primário.

AS FÉRIAS ESCOLARES

Imaginem! Se quando estávamos estudando já fazíamos tantas traquinagens em férias então???!!!

No verão não saíamos de dentro d`água do rio Paraíba. Era o tempo todo dentro do rio mergulhando e brincando de rei da pedra. Rei da pedra era uma brincadeira muito perigosa mas de que gostávamos muito. Era o seguinte: dentro do rio Paraíba há pedras grandes. Quem subisse nela seria o rei. Então quem tirasse aquele que estava na pedra se tornava o rei. Só que de vez em quando o rei levava o maior tombo tentando impedir os outros de subirem na pedra. Mas quem estava tentando subir na pedra também levava tombo por causa do limo da pedra. Ás vezes dava briga entre os meninos por causa dessa brincadeira e um dia um dos garotos que havia sido retirado da pedra não se conformando em perder o título de rei jogou uma pedra nos meninos e adivinha na cabeça de quem a pedra acertou? A minha. Levei três pontos na cabeça e os manos ainda ficavam me gozando falando que eu tinha a cabeça muito grande por isso o garoto a acertou.

Eu por ser o menor dos anjinhos do pastor ganhara outro apelido em Itaocara: peixinho. Ganhava dinheiro na piscina pública pegando moedas que jogavam para eu apanhá-las no fundo da piscina. A piscina tem aproximadamente uns três metros de profundidade e mais meio metro de lama. A água com que enchiam a piscina era tirada por uma bomba de sucção direto do rio Paraíba. Por causa dela vir direta do rio Paraíba, sem nenhum tratamento ou filtragem, ela era muito barrenta. Mas para nós tudo era festa. Quando sentíamos fome era só atravessar o rio até alguma ilha. Comíamos as frutas que lá existiam plantadas. A maioria das ilhas tinha muitos pés de goiaba, de ingá, plantação de milho, amendoim e outras coisas.

Uma vez eu quase morri debaixo de um pé de ingá. Havia um rapaz chamado Paulinho e ele era muito forte se comparado a nós que erámos todos magricelas. Ele tinha uns dezessete anos. Para mim ele mais se parecia com o Tarzan dos filmes da época. Tinha uma implicância conosco terrível. Não podia me ver que vinha pra cima de mim para me dar um "molho" na água. O pior é que eu falava com o Onil já que era o meu irmão mais velho mas, o cara era muito forte, então, o Onil com medo também nunca me defendia com o Paulinho. Enfim, um belo dia eu estava distraído nadando perto de um pé de ingá que ficava quase em frente à piscina. O pé de ingá ficava com sua copa caída alguns centímetros do rio. Quando olhei Paulinho veio para cima de mim com aquele olhar de "te peguei". Só me restava uma saída para não levar molho, mergulhar e entrar por baixo do pé de ingá. Ali ele não iria entrar porque podia ter cobras. Mergulhei e entrei debaixo da copa do pé de ingá. Quando emergi para respirar bati com a cabeça num tronco que ficava rente à superfície do rio. Fiquei como uma bolinha que a gente tenta afundar na água: subia e descia, batendo com a cabeça no tronco. Por sorte, quando já estava sem fôlego, subi e não bati com a cabeça no tronco e pude então respirar. Saí do rio e fui falar, chorando, com o Paulinho, sobre o que tinha acontecido. Ele deu de ombros e simplesmente me disse que eu fui para lá porque eu quis, ele só estava nadando, e eu me assustei à toa.

A GUERRA DE OVO PODRE

Certa manhã quando passávamos perto do pontilhão da estrada de ferro paramos para olhar o rio Paraíba à nossa frente as suas ilhas e lá no fundo a montanha com cara de gorila. Depois de algum tempo de observação começaram a chamar nossa atenção ovos de galinha boiando nas águas podres do valão bem embaixo do pontilhão que estávamos. Logo apareceram uns garotos brincando de bang bang embaixo do pontilhão. O Oto desceu e foi brincar com os garotos. Depois de alguns minutos, fomos também. De repente, o Oto pega um ovo podre dentro d'água e resolve quebrar na cabeça de um dos garotos. Pronto! Estava arrumada a confusão que todos queriam. Todo mundo com ovos na mão e atirando para todos os lados, foi uma guerra muito suja e fedorenta. Depois que acabou os ovos podres, cada um foi para sua casa. Só que onde passávamos as pessoas fugiam da gente pois estávamos fedendo a ovo podre. Depois fomos no chafariz da praça para nos lavar para sair aquele cheiro de nossas roupas e da cabeça que era o alvo preferido de todos.

O SUSTO COM O NOSSO PAI

Descobrimos a poucos quilômetros de nossa casa, descendo em direção ao lugarejo chamado de Campo Semente, um local ótimo para pescar peixes grandes com mais de um quilo. Pedimos dinheiro a papai e compramos anzóis e linhas especiais para peixes grandes. Como eram peixes grandes não pescávamos de vara e sim com um pequeno pedaço de madeira enfiado no chão. A isca usada era um pedaço de carne de vaca para atrair os dourados ou mesmo as traíras, já que estes peixes são predadores naturais e apreciam muito a carne vermelha. Enquanto os peixes não mordiam as iscas, nós tomávamos banho no rio, um pouco distanciados de onde estavam nossas linhas de pesca, para não espantarmos os peixes. Aquele local onde pescávamos era muito profundo, talvez, mais de seis metros, logo após a corredeira do hospital cerca de três quilômetros. Tinha muitas ilhas ali mas não tínhamos coragem de ir nadando até a ilha maior a nossa frente porque o rio ali afunilava e causava um imenso volume d'água naquele local. Ficávamos então na beirada, a poucos metros da margem, para não cometermos nenhum erro. Às vezes pescávamos uma tainha ou uma carpa que, apesar de grandes, não eram tão bonitos como os dourados. Eles eram a razão porque íamos pescar naquele local.

Até que um dia a isca que o Onil tinha preparado fisgou um belo dourado. Os dois brigaram muito tempo, até que ele conseguiu tirar aquele peixão bonito de dentro d'água. Puxa, que peixão bonito! Pesava cerca de quatro quilos. Que festa faríamos naquele dia. Além de comermos aquele peixão que tinha o sabor da vitória e de heroísmo papai e mamãe ficariam felizes com a gente. Aquele ato, o de trazer comida para casa, apesar de ser em forma de brincadeira, também nos preparava para a vida.

Ao entrarmos na cidade com o peixe parecia que estávamos carregando uma baleia. Todos queriam ver a nossa proeza. Que legal, somos heróis ! Quando chegamos em nossa casa e papai viu o peixe se animou e no outro dia quis ir conosco também pescar. Fomos todos juntos no outro dia. Chegando no local armamos nossas iscas e fomos nadar. Papai vendo as crianças nadando na correnteza do rio foi tentar nadar até onde nós estávamos mas não teve força para vencer a correnteza e redemoinhos e começou a ser levado pelo rio e se afogar. A pessoa que está nessa situação se torna uma presa fácil para o rio, porque ela fica em pé e assim a força da correnteza mais os redemoinhos fazem a pessoa rodar e pode puxar a pessoa para baixo, afogando-a. Já a pessoa nadando o rio não exerce tanta pressão sobre o corpo dela. Mas na época não sabíamos disso e ficamos desesperados. Mas entre nós havia um que se distinguiria sempre como uma pessoa calma e de raciocínio rápido, o Onil. Ele foi nadando para o lado do papai e pedindo calma a ele e pedindo que ele nadasse cachorrinho. A correnteza do rio, neste dia, estava muito forte e arrastava papai rio abaixo. Com muita sorte ele fez o que o Onil pediu e nadou um pouco até mais próximo da margem e conseguiu se segurar num canavial aquático. E puxando a moita do canavial como se fosse uma corda chegou à margem. Que susto! Nosso pai quase morre afogado na nossa frente. Após aquele susto perdemos toda a vontade de pescar e de continuar a nadar no rio. Papai, estando um pouco constrangido, tentava disfarçar dizendo que não havia acontecido nada.

Voltamos aquele dia sem peixe, mas com o nosso pai vivo para casa. Também nos sentíamos como heróis por havermos salvado nosso pai de um afogamento. Descobrimos ali, naquele dia, como precisávamos do nosso pai. Isto nos marcou muito, principalmente, porque o Onil nos explicou que se papai morresse nossa vida de diversão acabaria.

A TERCEIRA CASA

No ano de 1965 mudamos para a última casa nessa cidade. Fomos morar perto do campo de futebol. Uma casa seminova, muito boa, com ótimos vizinhos. Esta casa ficava em frente à estrada que saía da cidade em direção à Nova Friburgo. Ela tinha um pequeno jardim na frente, uma garagem para um automóvel ao lado da casa e um quartinho nos fundos da garagem para guardar bagunça. Tinha um quintal pequeno que papai sempre plantava legumes e verduras. Os vizinhos diziam que papai era filho de japonês. Porque, num pedacinho pequeno de quintal, ele colhia dezenas de legumes e verduras. Sem tirar o mérito de papai, a verdade é que "a necessidade faz o sapo pular".

Em frente à nossa casa havia um pasto imenso cheio de pássaros quero-quero. Eles faziam seus ninhos no pasto e qualquer um que se aproximasse dos seus ninhos eles vinham pra cima, dando uma rasante, querendo atingir o intruso com as garras que existem embaixo de suas asas. Eles são muito temidos porque as suas agarras afiadas podem degolar uma pessoa. São parentes dos gaviões. Quando chovia o pasto ficava cheio de pequenas lagoas e logo apareciam dezenas de rãs. Então fazíamos à festa apanhando rãs para comer. Ouvíamos dizer que quem comia carne de rã ficava forte. Mais um motivo para caçarmos tanto as rãs, todo mundo queria ficar forte e com saúde. Até que descobrimos uma brincadeira que todos os meninos na cidade a aprenderam, escorregar pelo morro. O princípio básico das crianças naquela época era encontrar algo para brincar, porque quase ninguém tinha um brinquedo ou bicicleta. Assim, como existia na região um coqueiro nativo que dá como fruto um pequeno coquinho. Suas folhas são iguais aos coqueiros, só que com uma cachopa larga no início da folha. Cortávamos a cachopa do coqueiro e tirava suas folhas ela ficava parecendo uma canoa miniatura e só cabia um menino sentado dentro dela. Subíamos no alto do morro que tem uns cinquenta metros de altura. Com aquele sol muito quente o capim do morro logo ficava seco como uma palha. Ficavam uns vinte meninos brincando no morro. Entrava um em cada cachopa para apostarmos corrida de velocidade. Descíamos o morro dentro da cachopa a quilômetros por hora. Ninguém conseguia frear a cachopa, por isso tinha que ter o cuidado para ninguém entrar na frente na hora da descida. Mas, sempre tem os distraídos. A disputa era feita por três e até quatro meninos nas cachopas um ao lado do outro com um observador na linha de chegada para ver quem era o vencedor. Só que de vez em quando um distraído entrava na frente de alguém que estava descendo a toda velocidade, e bum! Era um tombo só e ainda se ralavam todo o atropelador e o atropelado. Os atropelamentos aconteciam sempre e era motivo de muitas risadas da plateia. Brincávamos o dia inteiro depois do horário da escola. O que atrapalhava era a chuva. Se chovesse ficaríamos dias sem poder descer no morro até o capim secar totalmente.

A ENCHENTE NO RIO PARAÍBA

Em janeiro de 1966, após uma grande chuva, começamos a observar o rio Paraíba subir muito rapidamente. Suas águas começaram a invadir a cidade. Durante a noite papai e os manos colocaram panos embaixo das portas porque as águas já estavam chegando próximo da nossa casa. Papai passou a noite, dormindo debaixo de uma lona colocada no caminhão de transporte de vacas que pertencia ao nosso vizinho seu Guaracy, junto com Onil e Odilon. Papai tinha tirado alguns móveis da nossa casa e colocado com a permissão do vizinho em seu caminhão que ficava estacionado, em um local mais alto, onde a água não havia chegado. Na manhã seguinte, ainda muito cedo, papai nos acordou e nos disse que tínhamos que sair da casa, pois a água do rio já estava dentro de casa e a um palmo de altura. Papai já havia conversado com o diretor de um colégio que havia perto de nossa casa. Então, primeiro fomos para este colégio que pertencia ao professor Nildo Nara. Foi muito legal para mim, para criança tudo é diversão. Os vizinhos das casas próximas estavam dormindo no alojamento do colégio que funcionava como um internato para os filhos de fazendeiros que moravam fora da cidade, onde, inclusive, minha irmã Odísia estudara quando ainda morávamos em Laranjais. Eu nunca tinha visto uma beliche em minha vida elas tinham dois andares. A briga entre os meninos no alojamento era para ver quem iria dormir no último andar da beliche. Resolvida essa questão, eu por ser o caçula, tive que dormir no primeiro andar, enquanto que o Oto e Olney dormiam no segundo andar. Até que na terceira noite, dormindo ali, minha irmã Osny acordou todo mundo de madrugada. Ela gritava dizendo que as águas do rio estavam chegando ao segundo andar onde todos estavam dormindo. Foi um desespero danado, pensávamos que Deus havia mandado um dilúvio para acabar com a raça humana. Esta história de dilúvio, na classe bíblica dominical, sempre me chamou muito a atenção. Passado o primeiro susto, depois de verificarmos que a água do rio continuava no meio do prédio do primeiro andar, descobrimos que fora apenas um pesadelo da minha irmã. Depois do susto, tentamos dormir novamente. Mas, no outro dia, o professor Nildo começou a ficar preocupado com um possível desabamento do prédio, pois as águas estavam no meio da parede do primeiro andar, e havia muitas famílias dormindo no alojamento do segundo andar. O professor pediu aos chefes de famílias que se acomodassem em outro lugar, porque havia risco do prédio desabar. Iríamos sair sem ter um lugar certo para ficar. Estávamos desalojados. Mas uma irmã da igreja conseguiu com um conhecido dela uma casa que ficava em frente da nossa casa onde a água não havia chegado.

Fomos morar as duas famílias juntas, a minha e a de seu Guaracy e Dona Silvinha, esperando as águas baixarem. O espírito de solidariedade dos vizinhos superava a necessidade de privacidade. Mas papai ficou dormindo com Onil e Odilon, por eles serem mais adultos, na lona improvisada no caminhão no campo dos quero-queros. Desta forma os menores podiam dormir na casa junto com as mulheres onde estavam as duas famílias. Esta casa ficava a poucos metros da nossa casa. Ela ficava numa parte mais elevada do outro lado da rua, por isso a água da enchente não a atingiu.

Em pouco tempo a cidade toda estava inundada e nós considerados pelo governo como desabrigados. O único jeito de chegar até a cidade era através de helicópteros, pois a cidade não tinha campo de pouso para aviões. Notícias de pessoas que tinham chegado de viagem, afirmavam que todo o vale do rio Paraíba estava inundado. E outras notícias que chegavam até nós diziam que as cidades de Cambucí, São Fidélis e Campos estavam submersas. Todos ficaram apavorados com estas notícias, pois, não sabíamos realmente o que tinha ocasionado tamanha enchente.

Logo começaram a sobrevoar a cidade aviões da força aérea brasileira. Nunca víamos aviões ali no céu de Itaocara e agora passava os jatos da força aérea. Pressentíamos que a ajuda estava para chegar. No outro dia ao sobrevoo do avião começaram a chegar os caminhões do exército brasileiro. O governo federal teve que levar mantimento para a população porque todos tinham perdido muita coisa além de mantimentos, os móveis, roupas, as casas, etc. A única alimentação que a cidade dispunha era aquela que os soldados estavam distribuindo: uma lata de um quilo de ração para cada família que consistia em lentilhas, ou ervilhas, e leite em pó. Era uma fila imensa com mais de trezentas pessoas e só os chefes de famílias era quem apanhavam a ração. Olney me chamou para irmos até o nosso colégio, pois era ali que estavam estocados os alimentos e sendo vigiados e distribuídos pelos soldados do exército. Os sacos de alimentos me chamaram a atenção pelo fato de ter um desenho de uma mão branca e uma mão negra se cumprimentando. Era o slogan, iniciado pelo Presidente Kennedy: "Aliança para o progresso".

Acredito que os soldados não tenham ligado para aquelas duas crianças magrinhas mas demos um rombo nos sacos de ração, pois levamos muita comida para casa. Aliás para nós aquilo era muita comida mas, a bem da verdade, não era nada. Duas latas de óleo de soja de ração para não chamar a atenção de ninguém. Na realidade a única coisa que estávamos fazendo de errado foi não entrar na fila. Achávamos aquilo um ato de heroísmo. Todo dia voltávamos ao mesmo local e enchíamos nossas latas. Não falamos nada para os nossos pais sobre apanhar a ração sem entrar na fila, senão eles mandariam que devolvêssemos o que apanhamos sem nos ser dado espontaneamente.

Até que o rio depois de quinze dias baixou ao nível normal, e os soldados foram embora levando a ração, e a cidade voltou à sua rotina cada um contabilizando o seu prejuízo.

Os irmãos da igreja nos ajudaram muito já que não tínhamos quase nada e havíamos perdido tudo na enchente.

Quando as águas baixaram totalmente toda a população foi

convocada a ser vacinada contra as possíveis doenças. Foi uma vacinação em massa. Eu nunca tinha visto tanto poça d`água em minha vida. A cidade parecia a lua com crateras miniaturas, por todos os lugares, cheia de água, e dentro de cada cratera peixinhos que eu nunca tinha visto na vida. Até peixinhos com asas, mas eram muito feios e fiquei com medo de levá-los para casa.

Após as água baixarem notícias dos jornais confirmavam a maior tromba d`água já registrada na região da Serra das Araras, no Sul do Estado do Rio. A represa em Barra do Piraí, para não haver uma catástrofe maior, abriu a vazão de suas comportas ao máximo provocando uma enchente que elevou as águas do rio Paraíba ao maior nível dos últimos cem anos.

A MORTE DO RINTIM

Depois de alguns dias das águas voltarem ao normal, depois de toda a população ser vacinada contra possíveis doenças, começou a circular na cidade que alguns cachorros estavam pegando a doença da raiva. Muitos vizinhos nos avisaram que uma autoridade policial estava mandando dar veneno para os cachorros de rua para eles não serem atacados pela doença e assim morderem algum morador. O delegado de polícia havia tido problemas com um parente que tinha sido atacado por um cachorro com a doença e o parente deste delegado acabou morrendo em função disto. Não demos muita importância para aquela notícia porque o nosso Rintim era um herói na cidade e todos o conheciam. Era amigo de todas as crianças. Diziam nossos amigos que ele parecia gente. Se aparecesse algum cachorro querendo atacar alguém, ele logo tomava postura de briga e expulsava o mau elemento. Penso que ele sabia que era um "policial". O cão da raça pastor alemão, naquela época, no Brasil, era chamado de policial.

Certa manhã no mês de julho de 1966, o Rintim, cedinho já estava na rua e, quando o chamamos, ele veio cambaleando para o nosso lado. Minha mãe foi a primeira a perceber que ele tinha sido envenenado. Pedimos ajuda aos vizinhos e todos vieram nos acudir. Um dizia para dar gema de ovo crua, outro dizia para dar pó de café com leite. Cada um queria, de alguma forma, ajudar a salvar a vida daquele animal. Rimtin não queria morrer e lutava bravamente contra o veneno ingerindo aquilo que dávamos para ele beber. Mas não houve tempo de salvá-lo já havia passado muito tempo desde a ingestão do veneno. Após umas duas horas tentando salvar a vida do Rintim, ele não resistiu. Quando ele deu o último suspiro de vida um funcionário da prefeitura que provavelmente tinha sido o que tinha jogado o veneno para o Rintim e assistia nossa luta em salvá-lo perguntou para o meu pai se já poderia levá-lo para ser enterrado. Obtendo a resposta positiva, em um carrinho de mão, levou o nosso herói e amigo de tantas aventuras. O Odilon, Oto e Onil seguiram o funcionário para ver onde o enterrariam. Eu chorava muito e meus pais não me deixaram ir junto com os manos. Ele foi enterrado na margem do rio Paraíba perto de um dos nossos locais preferidos de banho que era ao lado da ponte. Agora sem o nosso Rintim nossas aventuras perderam a graça, foi um golpe muito duro perder aquele fiel amigo. O Rintim já não era simplesmente um cachorro mas um membro da nossa família. Hoje, no local onde o Rintim foi enterrado, existe uma parte da praça nova na beira do rio cheia de flores e árvores ornamentais. Sem saber fizeram uma homenagem ao nosso herói e companheiro de tantas aventuras. Mesmo hoje, quando escrevo estas linhas, depois de passados mais de cinquenta anos, ainda me emociono ao relembrar o velho amigo e companheiro. A vida do Rintim em nossa família nos ajudou a perceber a importância dos animais para nós seres humanos. Nos permitiu, também, ver que uma amizade vale mais do que qualquer bem material. O Rintim substituiu os brinquedos que não podíamos ter e era um amigo nas horas tristes e nas horas alegres, além de tudo era o nosso fiel defensor.

No início do ano de 1967 os anjinhos teriam ainda um outro golpe, nosso líder o Onil iria servir o exército no Rio de Janeiro e assim deixaria o grupo sem uma liderança natural. Papai no mesmo ano de 1967 seria transferido mais uma vez para outra cidade Nova Friburgo. Assim nossa vida de aventuras terminava, havíamos crescido.

Termino aqui nossa história com uma frase de Charles Chaplin para reflexão:

"A vida é uma peça de teatro que não permite ensaios. Por isso, chore, cante, dance, ria e viva intensamente, antes que a cortina se feche e a peça termine sem aplausos".

ITAOCARA ATUALMENTE

Há alguns anos, voltei para visitar Itaocara. Já havia passado muitos anos, desde a minha infância, em que eu não visitava a cidade. Minha surpresa foi muito grande. Perto de onde brincávamos de escorregar no morro, fizeram uma praça em homenagem à sequoia com muitas flores, gramas e árvores. A praça da piscina pública está no mesmo local, mas com muitas novidades: existe agora uma biblioteca pública em um quiosque sem a presença de um bibliotecário. O turista ou morador senta-se numa cadeira e apanha uma revista, jornal ou livro e o lê, e ainda aprecia a vista panorâmica do rio, gratuitamente. A água da piscina agora é tratada. A rua beira rio, do início da ponte até a cooperativa, foi transformada numa imensa praça que acompanha o curso do rio. A praça deve ter uns trezentos metros de comprimento toda arborizada e cheia de flores campestres e de roseiras brancas, amarelas e vermelhas, onde as pessoas podem sentar e desfrutar a imagem de um paraíso. Em cada trecho da praça existe um jardim com um tema diferente. O lugar de despejo do lixo da cidade e onde tinha o banheiro público, foi transferido para outro local. O que antes era sujeira e falta de consciência ambiental hoje é uma bela praça à beira rio com muito verde e flores. Uma das ilhas próximas da margem, a que fica por trás do hospital, onde aconteceu o episódio com a cobra na árvore, foi transformada num restaurante que tem uma ponte pênsil com 15 metros de comprimento para as pessoas irem para o restaurante. O prédio da estação ferroviária, com a desativação dos trens, foi transformada em rodoviária urbana, com muitas lojas funcionando onde eram os compartimentos de cargas da estação.

Muitas transformações foram feitas na cidade e o aumento da população não trouxe maiores problemas. A cidade cresceu e ficou mais bonita. Talvez seja construindo praças que os homens encontrarão a solução para mudar nossa consciência ambiental e para preparar um mundo melhor para nossos filhos e para os filhos dos nossos filhos. Posso dizer que a cidade progrediu muito e, hoje, ela pudesse ter um adjetivo: Itaocara, a princesa do norte fluminense.

UMA REFLEXÃO

Estas velhas lembranças da minha infância não são simplesmente um saudosismo. Quando nos momentos de reflexão me lembro delas, penso em como meus pais nos prepararam para a vida. As brincadeiras de moleques, tais como: pescar, tomar banho de rio, andar de canoa, subir nas montanhas, transformaram-se em verdadeiro manual de sobrevivência. Papai, naquela época, não pode nos dar peixe mas nos dava dinheiro para comprar anzol e linha para pescarmos. Sempre usava os quintais das casas em que morávamos para fazer uma horta, por isso nunca nos faltavam verduras e legumes à mesa. Brincando, e observando nosso pai, aprendemos a nos preparar para a vida. Uma família pobre como qualquer outra naquele Brasil de outrora, não daria em nada, como tantas que vemos por este país afora. Parece que o futuro e o sucesso estavam distantes de nós. Mas conosco foi um pouco diferente. Papai não podia nos dar uma escola particular a não ser em algum caso espe

cial. Ele fazia todo esforço para um filho não ser prejudicado e então o colocava em uma escola particular. Todos nós estudamos em escolas públicas. Mais tarde, apesar de todas as dificuldades da vida, tendo que trabalhar para pagar o estudo, todos nós fizemos curso superior. Alguns foram mais longe: dois cursaram mais de uma faculdade e outro, doutorado. Aprendemos em nossa infância que família é o maior legado que podemos ter, que não há sabor na vitória sem luta e desafios e que nós colhemos aquilo que plantamos.

Fim